JN212492

保育・福祉を知る

●編集委員●民秋　言・小田　豊・栃尾　勲・無藤　隆・矢藤誠慈郎

新 保育
ライブラリ

子ども家庭福祉

植木信一　編著

北大路書房

新版に向けて　編集委員のことば

　本シリーズは，平成29年3月に幼稚園教育要領，保育所保育指針，幼保連携型認定こども園教育・保育要領，さらに小学校学習指導要領が改訂（改定）されたことを受けて，その趣旨に合うように「新 保育ライブラリ」を書き改めたものです。また，それに伴い，幼稚園教諭，小学校教諭，保育士などの養成課程のカリキュラムも変更されているので，そのテキストとして使えるように各巻の趣旨を改めてあります。もっとも，かなり好評を得て，養成課程のテキストとして使用していただいているので，その講義などに役立っているところはできる限り保持しつつ，新たな時代の動きに合うようにしました。

　今，保育・幼児教育を囲む制度は大きく変わりつつあります。すでに子ども・子育て支援制度ができ，そこに一部の私立幼稚園を除き，すべての保育（幼児教育）施設が属するようになりました。保育料の無償化が始まり，子育て支援に役立てるだけではなく，いわば「無償教育」として幼児期の施設での教育（乳幼児期の専門的教育を「幼児教育」と呼ぶことが増えている）を位置づけ，小学校以上の教育の土台として重視するようになりました。それに伴い，要領・指針の改訂（改定）では基本的に幼稚園・保育所・幼保連携型認定こども園で共通の教育を行うこととされています。小学校との接続も強化され，しかし小学校教育の準備ではなく，幼児期に育んだ力を小学校教育に生かすという方向でカリキュラムを進めることとなっています。

　保育者の研修の拡充も進んでいます。より多くの保育者が外部での研修を受けられるようにし，さらにそれがそれぞれの保育者のキャリア形成に役立つようにするとともに，園の保育実践の改善へとつながるようにする努力と工夫が進められています。全国の自治体で幼児教育センターといったものを作って，現場の保育者の研修の支援をするやり方も増えています。まさに保育の専門家として保育者を位置づけるのみならず，常に学び，高度化していく存在として捉えるように変わってきたのです。

　そのスタートは当然ながら，養成課程にあります。大学・短大・専門学校での養成の工夫もそれぞれの教育だけではなく，組織的に進め，さらに全国団体

でもその工夫を広げていこうとしています。

　そうすると，そこで使われるテキストも指導のための工夫をすることや授業に使いやすくすること，できる限り最近の制度上，また実践上，さらに研究上の進展を反映させていかねばなりません。

　今回の本シリーズの改訂はそれをこそ目指しているのです。初歩的なところを確実に押さえながら，高度な知見へと発展させていくこと，また必ず実践現場で働くということを視野に置いてそこに案内していくことです。そして学生のみならず，現場の保育者などの研修にも使えるようにすることにも努力しています。養成課程でのテキストとして使いやすいという特徴を継承しながら，保育実践の高度化に見合う内容にするよう各巻の編集者・著者は工夫を凝らしました。

　本シリーズはそのニーズに応えるために企画され，改訂されています（新カリキュラムに対応させ，新たにシリーズに加えた巻もあります）。中心となる編集委員4名（民秋，小田，矢藤，無藤）が全体の構成や個別の巻の編集に責任を持っています。なお，今回より，矢藤誠慈郎教授（和洋女子大学）に参加していただいています。

　改めて本シリーズの特徴を述べると，次の通りです。第一に，実践と理論を結びつけていることです。実践事例を豊富に入れ込んでいます。同時に，理論的な意味づけを明確にするようにしました。第二に，養成校の授業で使いやすくしていることです。授業の補助として，必要な情報を確実に盛り込み，学生にとって学びやすい材料や説明としています。第三に，上記に説明したような国の方針や施策，また社会情勢の変化やさらに研究の新たな知見に対応させ，現場の保育に生かせるよう工夫してあります。

　実際にテキストとして授業で使い，また参考書として読まれることを願っています。ご感想・ご意見を頂戴し次の改訂に生かしていきたいと思います。

　　　　　　　　　　　2019年12月　　編集委員を代表して　無藤　隆

はじめに

　やはりなぜ「児童家庭福祉」を学ぶのだろうということから認識していかなければならないと思う。

　「児童家庭福祉」を学ぶという行為は，すぐそこに児童家庭福祉を必要とする人たちがいて，その切実な要求に協働しながら応えていくために必要な行為なのである。学ぶ本人の自己完了的行為ではないことをしっかり認識しておかなければならない。児童家庭福祉を必要とする子どもや家族等が現実に存在し，専門職者（保育士等）の力を必要としているのだとすれば，それに応える専門的な力（倫理，知識，技術）を身につけておかなければならない。

　したがって本書では，専門職者として必要な制度や社会資源の理解はもとより，専門職者が「児童家庭福祉」を現場や地域で具現化する主体であるという，自覚をうながすような内容構成をこころがけた。

　多様で具体的な児童家庭福祉の課題が指摘されるようになってきた今日，子どもや家族等を取り巻く社会的環境の変化を正確にとらえ，的確に援助に結びつくように対応できる「児童家庭福祉」の充実が急がれるところである。そのためには，社会的な制度政策が整備されなければならないし，さらに現場レベルでの児童家庭福祉サービスの質を確保するための仕組みも必要とされている。

　ただし，現場レベルでの児童家庭福祉サービスの質が確保されるためには，子どもや家族等の環境づくりのほかに，専門職者がゆとりをもって仕事を遂行できる環境づくりもあわせて確保されることが条件となるのではないだろうか。専門的な力を十分発揮できる総合的な環境があってはじめて，専門職者は，「ああ，児童家庭福祉に関わってよかった」と実感できるのだと思う。児童家庭福祉を学ぶ多くの人たちに将来そんな実感をしてほしいと願うのである。

　一方で，児童家庭福祉関連分野の法改正や，保育所保育指針の改定など，毎年のように更新されることからも，今回の「新 保育ライブラリ」としての「児童家庭福祉」改訂作業は必然であったといえよう。したがって，本書では，最新の児童家庭福祉動向をより正確によりわかりやすく解説しながらも，歴史的な視点や，より有効な児童家庭福祉のあり方等について，各執筆者の特徴を十

分に発揮していただけるような内容構成をこころがけた。

　第1章は，そもそも児童家庭福祉はなぜ必要なのかという基本的視点について整理したものである。児童福祉法等の根拠法令からの理論的整理のほかに，児童家庭福祉現場の現実からの実践的整理にもこころがけた。

　第2章は，児童家庭福祉の倫理的基盤ともなる子どもの権利保障についてまとめている。子どもの権利保障は，歴史的に醸成されてきたものであるが，今度はこの歴史を私たちが受け継いでいかなければならないことを教えてくれる。

　第3章は，現在の日本で整備されている児童家庭福祉関連分野の法や制度についての解説である。児童家庭福祉とは，いかに多くの制度や施設・事業等によって整備されているかということがわかる。また，それらを実際に動かす専門職者が存在しなければ児童家庭福祉にはなりえないのである。

　第4章は，実際の児童福祉サービスについてである。保育はもとより，その守備範囲は広く，必ずしも限定されない。たとえばスクールソーシャルワーク等，比較的新しい分野の開拓が進み，児童家庭福祉の枠組みにおいて十分整理されることが理解できる。

　第5章は，子どもを取り巻く国際社会の諸現象から児童家庭福祉をみたものである。国際化とは視点を外側に向けたものだけではなく「内なる国際化」によって，新たな児童家庭福祉課題が発生しており，そこに私たちも専門的な力をもってかかわることが十分可能であることがわかる。

　第6章は，最新の子育て支援施策の解説である。最近の児童家庭福祉関連分野の法律や制度政策動向の変化は急速化しており，それだけ重要視されている分野であるとも言える。同時に専門職者は，つねに最前線の知識の更新をしていかなければならない。

　このように，各分野の最前線を把握する執筆陣に恵まれ，それぞれの持ち味を活かしくふうされた内容に仕上げることができた。

　最後に，北大路書房編集部の北川芳美氏・木村　健氏に感謝申し上げなければならない。両氏の穏やかで柔軟な対応には，各執筆者ともおおいに励まされた。ありがとう。

2009年1月　　編者　植木信一

　本書は，2009年に発刊して以来，多くの方々にご高評をいただいた『児童福祉』を，2011年施行の保育士養成カリキュラムに対応させ，このたび『児童家庭福祉』としてリニューアルしたものである。最新の知識・情報をご活用いただければ幸甚である。

2011年１月　　編者

　この度，2011（平成23）年の保育士養成カリキュラムに対応した改版より３年を経て，『児童家庭福祉［新版］』を発刊することになった。この間，内閣府を中心にして「共生社会政策」が推進されており，年齢や性別，障害の有無等にかかわりなく安全に安心して暮らせる社会の構築に向けて，福祉・保育・教育をめぐる情勢はめまぐるしく変化しつつある。

　特に，2012（平成24）年においては，一方で障害者総合支援法が公布され，国連の「障害者権利条約」の批准に向けて障害者政策が推進されるとともに，他方では，いわゆる「子ども・子育て関連３法」が公布され，子ども・子育て支援の新制度の施行に向けて，児童福祉法等の関連法律が大きく改正されている（「障害者権利条約」は2014年に批准された）。

　本書はそれらの動向を踏まえ，最新の情報を加筆した。本書がこれから保育者として現場へ向かう，あるいは既に保育者として現場で日々子どもと接している方に役立てていただければ幸いである。

2014年２月　　編者

　早いもので2014（平成26）年３月の『児童家庭福祉［新版］』初版刊行から６年が経過した。この間，2016（平成28）年６月に児童福祉法改正があり，子どもが児童の権利に関する条約の精神に則って適切に養育されることや子どもの最善の利益が優先して考慮されることなどの理念が明確化された。また，2017（平成29）年３月には，保育所保育指針，幼稚園教育要領，幼保連携型認定こども園教育・保育要領が改定され，2018（平成30）年４月には，保育士養成課程の一部改正があり，子どもの人権擁護や，貧困家庭・外国籍の子どもと

その家庭への対応等が保育士の役割として明示されることになった。さらに，2019（令和元）年6月には，児童虐待の防止等に関する法律が改正され，親権者による子どもへの体罰の禁止や，児童相談所体制の強化等が明確化され，一部を除き2020（令和2）年4月から施行されることになっている。

　今回，このような子どもや家庭の福祉に関する動向に対処するため，これまでの『児童家庭福祉［新版］』の内容を刷新し，新たに『子ども家庭福祉』として刊行することになった。本書が保育者の養成に活用されることはもとより，現在保育者として活躍されている方にも最新の情報収集のためにご活用いただければ幸いである。

2019年11月　　　編者

もくじ

第1章 子ども家庭福祉の視点

　子ども家庭福祉における諸課題の原因が，子どもや家庭の個人的な要因ではなく，その個人が影響される社会的な要因にあるならば，それを取り除く「社会的な責任」によって，制度政策が遂行されなければならない。そこに児童家庭福祉が必要とされる意味合いがある。

　健全に育つとは，さまざまな子どもの固有性が認識され，子ども一人ひとりの固有な育ちや，それぞれが幸福になるための道すじ（福祉）が保障されていることが重要である。

　子どもの自立支援が，家庭において十分に保障されにくい場合，子ども家庭福祉施策によって自立支援が実施されることになる。その意味で，子ども家庭福祉援助とは，子どもへの支援のみならず，家庭の機能が十分発揮されるための，保護者への支援も含まれるのである。

1節 子ども家庭福祉を学ぶことの意義

1──なぜ子ども家庭福祉が必要なのか

(1) 子ども家庭福祉の必要性

　精神的な安らぎを求める気持ちは，人間だれしもが求めるきわめて自然な行為である。しかし，自分の意思や行動とはまったく関係のない次元で，それらの行為が阻害されてしまったら，私たちは生きる気力さえ衰退させてしまうかもしれない。まして，子どもたちはどうだろうか。子どもたちの精神的な安らぎが阻害されないように，子どもたち自身も努力しようとするだろうし，また，その保護者たちもなんらかの努力をすることになる。保護者だけでは解決できない場合，子どもたちや保護者は，第三者の力を必要とするだろう。具体的にはそれが子育て支援という行為となって表出されるのである。

　まして，個人的な意思や行動とはまったく関係のない「社会的な要因」によって，子どもたちの精神的な安らぎが阻害されていたとしたら，それは「社会的な責任」によって解決されなければならないことになる。その社会的な行為が，制度・政策等の社会サービスとして具体化されるのである。

　そもそも「福祉」とは，「幸福をつかむための生活面の状況そしてその努力過程をさす用語」（一番ヶ瀬，2003）であるから，子どもたちの発達過程が，「幸福」へと向かうために，子ども自身，保護者，それ以外の者，そして社会（国および地方公共団体）がかかわる一連の諸行為をもって，子ども家庭福祉を行なうということができるだろう。

　また，子ども家庭福祉は，「社会福祉」の一分野でもある。たんなる「福祉」ではなく，「社会福祉」である理由は，「社会的な責任」によって実施される「福祉」であるところに重要な意味合いがあり，したがって，子ども家庭福祉においても，国および地方公共団体の責任の所在が明確でなければならないのである。

　つまり，「子ども家庭福祉」とは，子どもの発達を社会福祉分野によって，社会的な責任を明確にしながら保障する，一連の諸行為の具現化をいう。

(2) 子ども家庭福祉の要因

　たとえば，ひとり親家庭の生活課題をとりあげてみる。ひとり親家庭のうち，母子世帯の平均年間収入は，348万円（2015年の収入，平均世帯人員3.31人）である。父子世帯の平均年間収入が，573万円（2015年の収入，平均世帯人員3.70人），児童のいる世帯の平均年間収入が，707.8万円（2015年の収入）であることと比較すると，母子世帯は，父子世帯の約6割，児童のいる世帯の約5割程度でしかないことがわかる（厚生労働省，2017a，2017b）。

　さて，このような状況をどう分析すればよいのだろうか。収入が低いということは，母子世帯の母親が，「働かない」からあるいは「怠けている」からだろうか。もしそうならば，それは，「個人的な要因」によって，収入が低く抑えられ，結果的に影響を受ける子どもの「福祉」の改善も，母親の個人的な努力によってされなければならないことになるだろう。

　しかし，就労している母子世帯のうち，常用雇用であるものは，約半数でしかなく，不安定なパート雇用でしか収入を得られない母子世帯の就労条件の現状を無視することはできない。また，根本的な男女間の賃金格差の問題も含めて，きわめて「社会的な要因」によって発生する生活問題であることがわかる。したがって，「社会的な責任」によって，たとえば「児童扶養手当」制度[*1]が，子ども家庭福祉の一環として整備されることになるのである。

　このように，「子ども家庭福祉」は家庭そのものを「社会的な責任」によって支援することで，結果的に子どもへの支援となることが少なくないという特徴をもっている。

(3) 子ども家庭福祉の社会的な責任

　2012（平成24）年の日本の合計特殊出生率は，1.41を記録し，若干回復傾向にあるものの，いわゆる少子化傾向が続いていることをあらためて確認した（表1-1）。合計特殊出生率とは，15歳から49歳までの女性の年齢別出生率を合計したもので，一人の女性が仮にその年次の年齢別出生率で一生の間に生むとしたときの子どもの数に相当する。1970年代のいわゆる第二次ベビーブーム以降，合計特殊出生率の低下傾向は続き，1989（平成元）年の合計特殊出生率から，1990（平成2）年には，「1.57ショック」とよばれ，国民的に大きな関

---

*1　2010年8月以降，父子世帯も支給対象となった。

表1-1 合計特殊出生率の年次推移（厚生労働省，2017c より作成）

	1970年	1975	1980	1985	1989	1990	1995	2000	2005	2010	2015	2017
	2.13	1.91	1.75	1.76	1.57	1.54	1.42	1.36	1.26	1.39	1.45	1.43
15〜19歳	0.02	0.02	0.02	0.02	0.02	0.02	0.02	0.03	0.03	0.02	0.02	0.02
20〜24歳	0.52	0.51	0.59	0.32	0.24	0.24	0.20	0.20	0.18	0.18	0.15	0.14
25〜29歳	1.05	0.93	0.91	0.89	0.73	0.70	0.59	0.50	0.42	0.44	0.42	0.41
30〜34歳	0.43	0.36	0.35	0.44	0.46	0.47	0.47	0.46	0.43	0.48	0.52	0.51
35〜39歳	0.10	0.08	0.07	0.08	0.10	0.11	0.13	0.16	0.18	0.23	0.29	0.29
40〜44歳	0.01	0.01	0.01	0.01	0.01	0.01	0.01	0.02	0.02	0.04	0.06	0.06
45〜49歳	0.00	0.00	0.00	0.00	0.00	0.00	0.00	0.00	0.00	0.00	0.00	0.00

注）母の年齢階級別の数値は年齢階級内の各歳別出生率を合計したものであり，合計特殊出生率は15歳〜49歳の年齢別出生率を合計したものである。
45〜49歳の合計特殊出生率が「0.00」となっているのは，小数点以下第三位を四捨五入しているためで，まったくの「0」ではない（2017年＝0.0016）。

表1-2 「理想の子ども数」と「予定の子ども数」の比較（国立社会保障・人口問題研究所，2017より作成）

	理想	予定
1977年	2.61人	2.17人
1982年	2.62人	2.20人
1987年	2.67人	2.23人
1992年	2.64人	2.18人
1997年	2.53人	2.16人
2002年	2.56人	2.13人
2005年	2.48人	2.11人
2010年	2.42人	2.07人
2015年	2.32人	2.01人

心をよんだ。しかし，国民全体が，こうした少子化傾向を認識しながら，なおも合計特殊出生率の回復をみないのはなぜだろうか。

　夫婦が考える，「理想の子ども数」と「予定の子ども数」を比較してみると，理想の子ども数は，2005年＝2.48人，2010年＝2.42人，2015年＝2.32人となっているのに対し，予定の子どもの数は，2005年＝2.11人，2010年＝2.07人，2015年＝2.01人と，理想数と予定数に乖離があることがわかる。つまり，理想では「生みたい」が，実際には「生めない」と考えているのである（表1-2）。

　子どもを生むという行為は，夫婦や家族のプライベートな行為であり，あくまでも自由な意思によって決定されることである。子どもの数を制度政策によってコントロールするべきではないことは明らかであり，国家が直接介入すべきことがらではない。しかし，夫婦や家族を取り巻く社会的な諸条件が，間接

的に大きく影響しているとすれば，その阻害要因を取り除くための制度政策の充実が，きわめて重要となってくるだろう。

　合計特殊出生率の低下が，夫婦や家族の自由な意思決定による「個人的な要因」ではなく，「生みたいけれど生めない」状況に導く「社会的な要因」によって影響されていることは，上記の理想と実際との乖離からみても容易に予想できるのではないだろうか。

　子ども家庭福祉の諸課題の原因が，子どもや家庭の「個人的な要因」ではなく，その個人が影響される「社会的な要因」にあるならば，それを取り除く「社会的な責任」によって，制度政策が遂行されなければならない。そこに子ども家庭福祉が必要とされる意味合いがある。

2──子ども家庭福祉の原理・責任

(1) 児童の福祉

> 第 1 条　　全て児童は，児童の権利に関する条約の精神にのつとり，適切に養育されること，その生活を保障されること，愛され，保護されること，その心身の健やかな成長及び発達並びにその自立が図られることその他の福祉を等しく保障される権利を有する。
> （児童福祉法）

　1947（昭和22）年に公布された児童福祉法は，これまで幾度となく改正を繰り返してきたが，第 1 条（児童福祉の理念）および第 2 条（児童育成の責任）については，一度も改正されることはなかった。しかし，2016（平成28）年6月に抜本的な改正がされ，とくに，「児童の権利に関する条約の精神」が，子どもの福祉を保障するための原理として明確に規定されることになった。

　「児童の権利に関する条約の精神にのつとり，適切に養育されること」とは，児童の権利に関する条約（1989年国連採択・1994年日本批准）に規定する，子どもの能動性（主体性）や権利性が，国内法に具体的に規定されることを意味しており，わが国の児童の福祉を保障するための原理を認識する際に示唆的である。

　「その生活を保障されること」とは，憲法第25条の生存権規定が，子どもにも保障されうることを意味している。「愛され，保護されること」とは，受動的表現となっているが，子どもの能動性（主体性）や権利性を否定しているわけではない。子ども家庭福祉を行なう場合，その理念の主体である子どもに対

し，実施の主体である保護者やおとな，国や地方公共団体の責任によって保障されることに変わりはない。

(2) 児童育成の責任

> 第2条　　全て国民は，児童が良好な環境において生まれ，かつ，社会のあらゆる分野において，児童の年齢及び発達の程度に応じて，その意見が尊重され，その最善の利益が優先して考慮され，心身ともに健やかに育成されるよう努めなければならない。
> 　2　児童の保護者は，児童を心身ともに健やかに育成することについて第一義的責任を負う。
> 　3　国及び地方公共団体は，児童の保護者とともに，児童を心身ともに健やかに育成する責任を負う。　　　　　　　　　　　　　　　　　　　（児童福祉法）

　第2条第1項が，「全て国民は」として始まっていることからも，子どもを取り巻くすべての社会人の義務として規定されていることがわかる。それは，子どもの保護者としての国民という意味と，それ以外の社会の構成員としての国民という両方の意味をもつものと考えられる。

　なお，保護者の責任と義務については，民法第820条に，「親権を行う者は，子の監護及び教育をする権利を有し，義務を負う」と規定されているように，民法上の責任と義務も定められている。「親権」とは，親（保護者）が子どもに対してもつ身分上，財産上の保護監督の権利と義務のことであり，「監護」とは，監督し保護することとされている。

　「心身ともに健やかに育成される」とは，子どもが心身ともに，健やかに生まれ育つこととあわせて，その母体も心身ともに健やかでいることが確保されることである。したがって，「心身ともに健やか」である状態が阻害されないように，子どもおよび母体への医師・保健師等の専門的な援助や助産施設入所等の子ども家庭福祉の措置が確保されることになる。

　「育成されるよう努めなければならない」とは，子どもが心身ともに健やかに発達するために，保護者や子どもを取り巻く社会の構成員すべてが，努力しなければならないということである。

　ただし，「健やかに」という場合，たとえ重度の重複障がいがあっても，自己実現のための環境条件があれば，彼らは十分「健やかな」状態を維持することができるだろう。

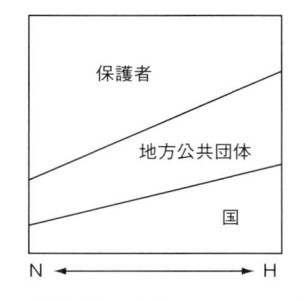

図1-1　児童育成の責任分担のあり方（福祉士養成講座編集委員会，1997より）

　児童育成の責任は，第一義的には保護者にあるが，国や地方公共団体も同様の責任を有し責任を負うという「児童育成の責任分担」のあり方が明記されている（図1-1）。

　保護者に子どもの育成責任があることは，前述の民法第820条にも規定されているとおりであるが，子どもの状況に応じながら，国や地方公共団体の児童育成責任の割合が増し，必要に応じて保護者への支援を行なうことになる。国や地方公共団体は，まず保護者みずからが児童育成の責任を果たせるよう支援し，それによっても果たせない場合には，保護者に代わって児童育成の責任を果たす。

　なお，児童の権利に関する条約第18条には，「締約国は……父母及び法定保護者が児童の養育についての責任を遂行するに当たりこれらの者に対して適当な援助を与える……」（第2項），「締約国は，父母が働いている児童が利用する資格を有する児童の養護のための役務の提供及び設備からその児童が便益を受ける権利を有することを確保するためのすべての適当な措置をとる」（第3項）とあり，保護者と国および地方公共団体との関係について明確に規定しており，示唆的である。

3——子ども家庭福祉の歴史的事実から学ぶ

　ヤヌシュ・コルチャック（Korczak, J., 1878〜1942）は，第二次世界大戦中，ワルシャワにて，「ナッシュ・ドム（僕らの家）」と「ドム・シュロット（孤児の家）」という2つの児童養護施設を経営していた。彼は，子どもの社会的養

護にとどまらず，施設内における子どもの権利法典の作成や，子ども裁判シス
テムの設置など，子どもの自治と意見表明権を重視した，きわめて民主的な運
営を実践した。彼の実践内容は，戦後，ポーランド政府によって「児童の権利
に関する条約」の策定に結びつくもので，子ども家庭福祉を学ぶものにとって
は，注目すべき内容である。

　しかし，コルチャックは，ポーランド系のユダヤ人であったがゆえに，施設
の子どもたちとともに理不尽な運命をたどったのである。

　「1942年8月のはじめ，ワルシャワ・ゲットー（ユダヤ人専用区域）の児童養護施設の
子供たちと職員，合わせて4000名余りが，ガス室への道をたどることになった。コルチャ
ックがひそかに恐れていた『ファラオの布告』が理性を放棄した狂信的な国家主義者たち
により，トレブリンカ（強制収容所）で実行に移されたのである。ステファ夫人（施設の
職員）は，出発の日に備えて，子どもたちのために一番上等な服を用意していた。せめて
子供たちを，その日にふさわしい晴れ着で着飾ってやりたかったのである。……その日は
ことのほか暑かった。真昼の炎天下を，子供たちの行列がゆっくりと進んでいく。小ゲッ
トーのシリスカ通りを出発し，大通りを通って，ワルシャワ・ダンツィヒ駅へと向かう。
周囲のみじめさも，殺気だった情景も，無視するかのように整然と四列の隊列を組んで静
かに歩を進めていく。子供たちは皆，こざっぱりした可愛らしい服を着ている。背には明
るい水色のリュックサックを，肩からは水筒をかけている。小さなバケツやおもちゃを手
に持っている子もいる（子どもたちには夏季休暇村へ行くと言っていた）。……行列の前
方には『緑の旗』（施設のシンボル）が，はためいている。……先頭には，コルチャック
が，最年少の少女のロムチアを腕に抱き，一人の男の子の手を引いている。……その後ろ
に子供たち200名の行列が続いていく。……この頃，孤児援助協会の事務局長ヴワディス
ワフ・フリートハイムは，SS（ナチスの組織）将校からコルチャック特赦の知らせを受け
取った。ドイツ当局への嘆願が受け入れられたのである。伝来が行列の後を追った。……
一人の男が群集をかきわけかきわけ，息を切らせて走ってきた。そして一枚の紙片を示し
ながら，コルチャックに向かって興奮して叫んだ。子供たちは貨車に積み込まれようとし
ていた。「ドクター！乗らなくていいんです。あなたは自由なんです。ここにドイツ軍司
令官からの知らせがあります」無言のうちにコルチャックの目は，その申し出を退けてい
た。車両の積み込みが始まった。まもなく鉄のドアが，ガラガラと音を立てて閉まった。
それが最後であった。……『これはいったい何なのか』SS指揮官が問いただした。『コル
チャックとその子供たちだ』，『あなたは乗らずにここに残ってもよろしい』，『それで子供
たちは？』，『ああ，それは不可能だ。子供たちは行かねばならない』，コルチャックが叫
んだ『あなたは間違っている。まず子供たちを……』彼は貨車へ入っていった。」

（近藤，1993）

　戦争は，子どもたちにこれほどの犠牲を与えてしまう。それ以前の第一次世
界大戦の教訓から，当時の国際連盟は，「児童の権利に関するジュネーブ宣
言」（1924年）を採択しているのだが，第二次世界大戦は，同じ過ちを再びく

り返してしまった。その後，国際的な義務をともなう「条約」の制定をめざして，コルチャックの祖国ポーランド政府による「児童の権利」に関する初めての「条約」の草案が作成され，国連によって「児童の権利に関する条約」（1989年）が採択されたのである。三度同じ過ちをくり返さないために。

 ## 2節. 子ども家庭福祉に必要な基本的視点

1──「子ども」の定義

児童福祉法（1947年）には，第4条において「児童」の定義がされている。児童とは，満18歳に満たないものをいうことになっている。なお，満1歳に満たないものを「乳児」，満1歳から小学校就学の始期に達するまでのものを「幼児」，小学校就学の始期から満18歳に達するまでのものを「少年」としている。

少年法（1948年）では，20歳に満たないものを「少年」とし，満20歳以上のものを「成人」としている。また，民法（1896年）では，満20歳をもって「成年」*2とし，それ以外を「未成年」としている。

このように，同じ国内法においても，各法律によって定義が異なっていることがわかる。

なお，国際法である「児童の権利に関する条約」（1989年）では，この条約の適用上，「児童」とは，18歳未満のすべてのものをいうとされている。

2──子どもが健全に育つということの意味

「健全に育つ」とは，必ずしも「五体満足」に育つことのみを意味するものではない。もちろん健康であることを否定するものではないが，障害をもつ子どもや難病などと向き合っている子どもたちも，その固有性が認識され，子ども一人ひとりの固有な育ち，それぞれが幸福になるための道すじ（福祉）が保障されているかどうかが重要である。

生まれたばかりの子どもは，自力で生存することができない。当然その保護者のかかわりがあって初めて「育つ」のであって，そのかかわりは不可欠であ

---

* 2　2018（平成30）年6月13日に「民法の一部を改正する法律」が成立し，2022（令和4）年4月1日から成年年齢が18歳になる。

る。しかし，そうしたかかわりは，乳児期のみの行為ではなく，子どもが発達しながら社会性を拡大するなかで，多くの大人とのかかわりを経験することになるのではないだろうか。そうした子どもの発達過程にともなって，保護者や多くの大人が，子どもにかかわる行為を「育てる」という。

つまり，「健全に育つ」とは，「育てる」という行為によって保障されているのである。

もし，子どもが「健全に育つ」ことを阻害されているとすれば，あるいは保護者の「育てる」という行為が阻害されているならば，それを防止し回復する方策がとられることになる。具体的には，それが子ども家庭福祉を行なうことにつながる。

たとえば，「保育を必要とする児童」をもつ保護者が，保育所を利用することについて考えてみよう。

この場合，保護者が，保育所の保育士や関連職員とともに，子どもを「育てる」行為を行なうことになり，そこで初めて「健全に育つ」ための環境が整うことになる。保護者が保育所を利用することは，「育てる」行為の放棄や分断ではない。むしろ，保育士等との共同により，「育てる」行為が保障されることに他ならない。

子どもの発達にとって重要なことは，子どもの毎日の生活リズムを整えることである。そのために必要なのは，保護者と保育士等との間に保育の引継ぎ，つまり「育てる」行為のスムーズな引継ぎが行なわれることである。子どもの「健全に育つ」行為は分断されず，結果的にその発達は保障されるのである。

3──子ども家庭福祉における「発達」の考え方

(1) 子どもが発達すること

発達概念をとらえる場合，「量的発達」と「質的発達」を明確に区別し，その両面からの把握が必要である（図1-2）。

「量的発達」とは，人間の成熟による生物学的・生理学的過程のことであり，たとえば，身長が伸びたとか，体重がふえたというような，数字で把握可能な身体的発達の概念である。この場合，その過程において一定の上昇期間を経てピーク時を迎え，その後はフラットな状態へと移行するものと考えられる。

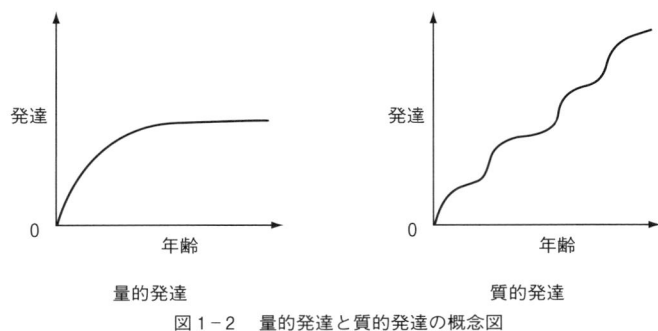

図1-2　量的発達と質的発達の概念図
注) いずれの図もあくまでも概念的・抽象的に示したものである。

　「質的発達」とは，人間の成熟による精神的・心理学的過程のことであり，人間として社会性を獲得するような，必ずしも数字による把握が可能であるとはいえない概念である。この場合，その過程においてピーク時を迎えたり，フラットな状態を迎えたりするものではない。生涯を通じて獲得されるものであり，常に上昇状態にあるものと考えられる。

　子どもの発達を考える際に，子ども家庭福祉の立場からは，むしろ「質的発達」の概念に注目しておく必要があるだろう。エリクソン（Erikson, E. H.）の発達段階のように，人間は生涯，発達し続けるという視点をもつことから始まるのである。

(2) 弁証法的発達

　人間は生涯，発達し続ける存在である。しかし，その発達は，常に自己葛藤を抱えながら，その自己葛藤を克服するくり返しのなかで，獲得されるものである。それをここでは「弁証法的発達」ということにする（図1-3）。

　図1-3で説明すると，「A」の地点まで発達すると，さらなる「B」の地点までの発達を遂げるためには，いったん「a」の地点まで見かけの後退をしなければならないことになる。これが，自己葛藤を抱えた状態である。しかし，その自己葛藤は，子どもたち自身がもつ，発達しようとする力によって克服（エンパワメント）され，結果的に「B」の地点まで，みずからを高め，発達を遂げるのである。

　その自己葛藤がなかなか克服されない場合，子どもたちから，さまざまな形

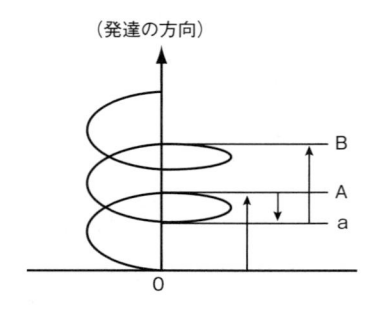

図1-3 子どもの弁証法的発達の過程

の発達課題として表出されることになる。保護者や保育士等は，そうした表出を子どもたちからのシグナルとして敏感にとらえ，彼らのみずから発達しようとする力を引き出すためのアプローチを実施するのである。

(3) 児童家庭福祉が発達するということ

かつて「ポストの数ほど保育所を」といわれた時代がある。1960年代の日本の高度経済成長期は，国民の生活における社会福祉の役割を国民の側から問うた時代でもあった。その代表的な出来事が，「保育所づくり運動」である。

その背景として，高度経済成長による生産の拡大とともに増大する既婚の女性労働者と都市に急速に集中した若い核家族の深刻な就労と育児の両立課題が，保育所建設要求として，都市住民のなかに広がっていったことがある。

拡大した生産に対する事務労働の必要性は，女性労働に対する急速な需要を生み出した。共働き家庭の増大は，社会的労働に参加した女性たちの自立意識の高まりをみせ，このままではみずからの生活を維持することができないという，おもに共働き家庭の女性による「保育所づくり運動」へとその盛り上がりを発展させた。

結果的に，そうした切実な生活問題に対する重要施策として，多くの自治体に受け入れられていくのである。事実，保育所が急激に増設された時期でもあった。こうした過程は，社会そのものも弁証法的発達を遂げることを意味し，子ども家庭福祉が発達する過程そのものである。

❸節　子ども家庭福祉による援助の考え方

1──子ども家庭福祉による援助の特徴

(1) 保護から自立支援へ

　子ども家庭福祉では，これまでの子どもの保護のみならず，子どもの自立支援の考え方が重要視されるようになってきている。

　1997（平成9）年に児童福祉法が改正されたときに，具体的に強調された概念が「自立支援」であった。たとえば，「教護院」が「児童自立支援施設」へと改称され，職員も「教護・教母」から「児童自立支援専門員・児童生活支援員」へと名称変更されたことからもうかがい知ることができる。

　また，児童自立支援施設や児童養護施設等では，「自立支援計画」が個別に作成されることになっており，子どもの保護から，子どもの自立支援へと基本理念の転換がされるようになった。

　このような子どもの自立支援施策に限らず，子育てや保育，子どもの健全育成においても，たんなる保護機能から，子どもたちの将来における自立支援へと結びつけるアプローチが重要となってくる。

　本来，子どもの自立支援は，家庭において保障されうるものと考えられるが，なんらかの理由でそれが不十分な場合，児童福祉施策によって自立支援が実施されることになる。その意味で，子ども家庭福祉による援助とは，子どもへの支援のみならず，家庭の機能が十分発揮されるための，保護者への援助・支援も含まれるのである。

(2) 自立支援の特徴

　さて，そもそも子どもへの自立支援とはいかなるものだろうか。

> **事例　子どもの喫煙**
>
> 　A県B市の会社員宅で2002年11月，長男（16）のたばこの不始末によるボヤがあり，A県警B署は，2月3日，長男の喫煙を許していた父親（47）と母親（46）を未成年者喫煙禁止法違反（親権者の不制止）の疑いで書類送検した。未成年者の喫煙で親が書類送検されるのは異例。調べによると，長男は連日喫煙していたが，両親は「家の中であれば」と許していた疑い。長男に個人用の灰皿も与えていたという。　　　　（時事通信2003年2月3日付より一部改変）

　児童の権利に関する条約の第12条には，意見表明権が規定されているが，これは，子どもをできるだけ早く大人にしようとすることではない。子どもは，発達過程に混乱があるほど，自己決定に寄り添う大人の存在を確保する権利を有する。しかし，この事例はきわめて消極的な保護機能でしかなく，子どもの自己決定によって発達をうながすものになっていない。

　ただし，自立支援とは，人間のかかわりの影響を受けないことではなく，発達過程が混乱したり困難な状態にあるほど，多くの存在のかかわりを受けながら自己決定がくり返されるという条件整備のことである。消極的な保護機能ではなく，子どもたちの将来における自立支援へと結びつけるアプローチが重要となってくるのである。

2──子ども家庭福祉による援助の方法

（1）子どもレベルでの援助

　いわゆる「気になる子ども」は，どの施設にも見られる存在であり，職員は少なからずどう援助すればよいのか悩みながら仕事をすることになる。それは，かかわる職員が，真剣に子どもに向かい合っている結果として，「気になる」のであって，もし悩まない職員がいるとすれば，その行為は，児童家庭福祉援助にはなりえないだろう。

　ある放課後児童クラブにも，一見不可解な行動をとる子どものようすがあった。家庭での親子関係は良好なわりに，学校や放課後児童クラブではトラブルだらけ，いつもイライラしている子どもである。親子という狭い関係性のなかだけで通用する価値基準枠から抜け出せず，その枠を超える環境のもとでは，自分自身の感情と行動をコントロールすることができないでいるのである。

　児童家庭福祉実践では，子どもたちみずからのエンパワメントの回復により，自分自身をコントロールする力をつけることが期待されている。エンパワメントとは，子ども自身がもつ力であり，児童家庭福祉援助をきっかけに自己無力感を自己肯定感に転換し，みずから内的変化をうながす力のことである。とくに，多彩な関係性が用意される集団の場において，獲得が期待される力である。

　もし，子どもたちが，自分自身をコントロールすることができずに，もがき苦しんでいるとすれば，そうした彼らの自己葛藤のようすをとらえ，弁証法的

発達へと導く援助者の意図的なかかわりが必要となってくるだろう。そうした一連の実践が，子ども家庭福祉による援助であり，援助者の重要な役割となる。

(2) 制度的援助

> **事例　放課後児童支援事業（C市のケース）**
>
> 　ある地方都市C市では，市内の特別支援学校に通学する障害のある小学生・中学生の放課後ケアが，重要な課題となっていた。市には，放課後児童健全育成事業を実施している放課後児童クラブが，各小学校区に1か所ずつ設置されてはいるが，定員や利用条件に制限があり，十分に利用しきれずにいたのである。
>
> 　そこで，保護者や特別支援学校の教員たちが中心となって組織をつくり，市の担当課への粘り強い交渉を重ねた結果，市単独事業の放課後児童支援事業として，年間700万円（2003年度）の予算を獲得するにいたったのである。

　地域に子ども家庭福祉ニーズがある場合，最初からそのすべてに行政が反応するわけではない。当事者組織の行政への粘り強いはたらきかけによって，その必要性が顕在化し認識されるきっかけとなる。それに行政が制度政策的に反応し，具現化することで，子ども家庭福祉ニーズの解決がうながされるのである。

(3) 間接的援助

> **事例　保育園の日照権（D市E区のなかよし保育園のケース）**
>
> 　D市E区のなかよし保育園が，子どもたちの日照権を確保するためマンションの建築禁止を求めていた裁判で，D地裁は，1997年11月13日，保育園側の主張をほぼ認め，マンションの高さを当初計画より低くするよう求める仮処分の変更決定をした。1996年11月，F不動産が保育園の南側に高さ30m十階建てマンションの建設を表明した際に，保育園の職員と園児108人が，F不動産を相手どり，1997年3月に建築禁止の仮処分を申請した。6月に建築を全面禁止する仮処分決定が出されたが，F不動産側が，8階建てに設計変更して保全異議の申し立てを行なっていたものである。
>
> 　決定では，「保育所全体の空間に十分な日照が確保され，寒い冬の時期には，できる限り日だまりの中で子どもたちが元気に遊べるような施設であることが望ましい」「保育の日照確保の必要性は，特に重視されるべき」であると，当初計画の地上3階以下もしくは，保育園側から順次2階，3階，4階，5階以下の建物にするよう命じている。

　これは，保育園の職員や保護者が，日照権をめぐるソーシャルアクションを起こすこと，つまり，必要な子ども家庭福祉ニーズを実現あるいは改善するために，当事者（保護者等）が専門家（保育士，弁護士等）とともに活動するこ

とで，間接的に子どもたちへの子ども家庭福祉による援助を行なった事例である。

3——地域とのかかわりを考える

(1) 地域のネットワーク

事例　地域っ子を健やかに育てる会

　G子は，地域の公立小学校を卒業して，中学校1年生となった夏休み明けに突然服装や生活態度が乱れた。授業には集中できず，友だちと遊ぶといっては，夜10時過ぎに帰宅することが頻発した。また，喫煙や集団でのいじめ行為等がめだつようになり，本人も悪いとわかっているものの，自分ではどうすることもできないという事態に陥っていた。急激な変化に戸惑い，どう対処したらよいかと悩む両親に相談の声をかけたのが，放課後児童クラブで保護者会活動をともにした保護者たちと放課後児童指導員であった。

　この保護者たちは，自分の子どもが通う公立中学校が，これまであまり地域の評判が良くなく，中学校生活を子どもたちが有意義に過ごせるように，互いに連絡を緊密にしつつ交流を深めようと「地域っ子を健やかに育てる会」という自主組織を結成し，PTAと連携して学校への要望や中学校の子どもの発達課題・子育て等についての学習会などを開催していた。また，当該地域の社会資源に精通していた放課後児童クラブの職員とのつながりは，自力では見つけることのできない専門機関の存在を知ることにつながった。

　この会が中心となって，とくに注意してG子を地域で見守るためのネットワークを強め，同時にG子の両親を力づけた。また，G子の母親は，専門的なケースワークを母子で受けることなり，2年後にはすっかり落ち着きを取りもどすこととなる。

　この中学校全体もしだいに落ち着き，地域の評判も回復していった。

(2) 活動の下地

　以上のように，子どもの有意義な生活環境を保障しようと，「地域っ子を健やかに育てる会」が自主的に組織され，地域ネットワークをつくり，実効性のある活動が可能となったその活動の下地は，当該地域における利用者の居住地率の高い[*3]放課後児童クラブでもともと組織されていた保護者会でのつながりと，その際に信頼関係で結ばれていた放課後児童クラブの職員（放課後児童支援員）のかかわりであったと考えられる。

　居住地を地域に同じくしていることから，地域のニーズが共通課題と認識さ

れやすく，もともと下地となる組織の存在とあわせて，きめこまやかな地域ネットワークが張りやすかったことが大きく影響したのである。

 研究課題

1．国や地方公共団体が，保護者とともに児童育成の責任を負うとは，具体的にどのようなことをいうのか考えてみよう。
2．人間の弁証法的発達の特徴を，あなた自身の経験から考えてみよう。
3．子どもの自立支援のために，子ども家庭福祉の専門職者として，どのようなかかわり方ができるか考えてみよう。

 推薦図書

●『未来の日本へ，未来の福祉へ—ゆたかさという対岸への船出のために』 暉峻淑子・中沢政夫・二宮厚美　萌文社
●『21世紀の社会福祉実践』（上・下）　日本福祉大学学内学会（編）　あけび書房
●『働くこと育てること』　落合由利子　草土文化

---

* 3　事例の当該地区にある，社会福祉法人がもつ施設別の利用者数の居住地比較は以下のとおりである（2000年4月1日現在）。他施設に比較して放課後児童クラブの居住地率が明らかに高いことがわかる。（第48回日本社会福祉学会児童福祉分科会報告「地域福祉の観点からみた放課後児童クラブのはたらき」　植木信一・谷川修　資料より）

	中学校区内	当該区内	他区	計
保育所	51.7%	17.2%	31.1%	100%
知的障害児通園施設（当時）	5.0%	40.0%	55.0%	100%
高齢者デイサービスセンター	69.7%	30.3%	0%	100%
放課後児童クラブ	97.6%	1.2%	1.2%	100%

Column 1

自己実現と子育てのバランス

「今の私は，どうしても保育士資格を取得しなければなりません。」これは，過去に筆者の授業を受講したA保育士養成施設の社会人学生が，課題レポートの補足として書いた文章です。その理由は，次に続く文章でわかります。「私は訳あって，子育てをしながら保育士資格取得をめざしています。周りの学生たちよりも随分年上ですが，一念発起して学校へ入学しました。」

筆者は，A保育士養成施設では，非常勤講師なので，週1回それもわずかな時間しか学校にいません。したがって，在校生のようすや生活の背景については，まったく知らないまま授業を進め，終われば帰ります。しかし，前述のような文章から，切実な想いで学校に通っている学生もいるのだと知ることができました。

筆者の教えていた内容は社会福祉でしたので，授業では，社会保障や法制度を中心に解説することになります。ある日，社会保障や法制度のこと以外でも次のような授業を学生たちに伝える機会がありました。

それは，「子育て支援」に関することです。一般的には，親子が一緒にいる時間の「長さ」のみが問題にされるのですが，子どもの発達のためには，親子が一緒にいる時間の「長さ」ではなく，たとえ短くても「密度」の濃い時間の共有と継続が大切です。たとえば，保育所に通う子どもの保護者は，心の中では「申し訳ない」と思っているかもしれません。なぜなら，子どもが保育所にいる時間が長ければ，相対的に，親子が一緒にいる時間は短くなるからです。しかし，保育所に通う子どもが発達しないというような科学的な根拠はありません。要は親子が向き合う「密度」なのです。

前述の社会人学生は，このような「子育て支援」の授業に反応したのでしょう。次のように文章を続けます。「私は，自己実現と子育てのバランスにとても悩んできました。しかし，これからは，勉強を続けながら，子育ても両立できることがわかりました。がんばります。」

みなさんは，自己実現のためにいろいろな想いをもってあこがれの保育士をめざしているのですね。困難のなかでもみなさんの夢が実現できますように。いつも応援しています。

第2章 子どもの人権擁護の歴史的展開とその意義

　戦争と貧困，飢餓が連続してくり返される歴史的社会的段階で，まっさきに，体制的—環境的要因から生じる社会病理の犠牲者となったのは，子どもたちであった。その子どもたちの生命や生存を必要最小限確保するという目的から，保護・救済が強調され実際に社会的努力が行なわれてきた。

　第二次大戦後，平和と民主主義の確立に向かう国際的人権保障の動向のなかで，子どもは，固有の尊厳と平等で譲ることのできない権利を有するという人権思想が強まってきた。そしてついに，法的拘束力をともなう国際条約に進展した。それが「児童の権利に関する条約」（1989年）なのである。

　日本社会の現在の子ども家庭福祉も，児童の権利に関する条約の理念や具体的条項から点検・推進されていく必要がある。

1節. 子どもの人権・権利・人権擁護

1——人権とは，権利とは，人権擁護とは

(1) 人権とは

「人間らしく，自分らしく生きていきたい」という願いは，まず最初に王（絶対権力者）の存在や国家の法や秩序があり，その枠のなかだけで，しかも制約がつけられた「上から許可される」性質のものではない。国家や法が存在していない状態（自然状態）において，すでに人間だれもが有している，一個の人間としてあたりまえの基本的な欲求である。

この一個の人間の，あたりまえの基本的な欲求を自然権という。自然権は，人為的につくられる法（実定法）を越えたところにある自然法（人間の精神の奥深くに厳存している理性で，人間の性質は生まれながら善であるという観念と結びついた正義の原理）から導き出されるもの，と理解されている。したがって，自然権は，いかなる国家権力や社会的権力，あるいは他者の力によってもけっして奪うことのできない，また他に譲渡できない性質のものであり，この価値そのものが基本的人権（縮めて人権）なのである。

(2) 権利とは

これにたいして，権利とは国家の法や秩序をまず土台とする。人為的につくられる法（実定法）によって，個人に付与される力である。すでに存在している法を根拠に，人は一定の利益を主張したり，それを受け取ったりすることのできる力（資格や能力）をもつ。

たとえば，物の売買について考えてみると，売主は買主に対して代金を請求する権利をもつ。これは法（この場合は民法）が，「売主の買主に対する代金を請求する権利」を保護しているからである。もし，買主が代金を支払わないときは，売主は裁判所に訴え判決を得て，これに基づき強制執行を行ない，買主の財産から強制的にその代金を取得できる。裁判所に訴えること，その判決を得ること，強制執行すること，強制執行して強制的にその代金を取得することとは，それぞれ，法によって付与されている（保護されている）権利なのである。

(3) 人権擁護とは

　子どもを含むすべての人間の尊厳をとらえるとき，たえず，実定法が存在しなくても「人権として保障されるべき」と，実定法を根拠として「権利として守られるべき」という両面を同時に把握する視点が欠かせない。これを「人権擁護」といい，とくに子ども期に焦点化とさせることを「子どもの人権擁護」と理解するのである。

2——人権や権利はどのように認識され伸張してきたか

(1) 自由権的基本権（市民権）の保障へ

　身分制・封建制社会にあっては，人権や権利は問題とされなかった。身分的束縛から解放されるべきことに目覚め，力をつけてきた「個人」が，生命・身体・自由・財産の権利を要求しながら，身分制・封建制社会を崩しつつ，近代市民社会を形づくってきた。しかし，この近代の黎明期（新しい時代が始まる時期）は，人権や権利の主体は，近代市民社会を担っていくにふさわしい男性に限られており，女性や子どもは初めから除外されていたのである。

　近代市民社会の要諦（かなめとなる大事な点）は人権や権利の保障にあり，その核心は「国家からの自由」にあった。権力の恣意や専制，暴虐から個人が解放されていることが重要だという考えである。国家に第一に要求されたのは，個々人の自然権（人間だれもが有している，一個の人間としてあたりまえの基本的な欲求）を最大限に尊重すべきこと，であった。精神的自由（思想，信教，表現の自由など），経済的自由（職業選択の自由，財産権の不可侵，営業の自由など），人身の自由（自分の意思に反する身体的拘束を受けない自由）を中心とした自由権的基本権が立法を通じて，社会を構成する一個の人間としての権利と承認されるようになった（これを市民権とよぶこともある）。

　そして，このとき，国家の役割は個人の生活領域に干渉することなく，警察や治安，防衛（軍備）に限定されていた（これを夜警国家・消極国家という）。

(2) 自由権的基本権から社会権的基本権の保障へ

　自由権的基本権の保障のもと，個人の自由な活動は市民社会をさらに活性化，発展させていった。とりわけ自由放任主義の経済活動（個人主義的な自由競争経済）の伸張は「私的自治の原則」「私的所有権（私有財産制）保障の原則」

「契約自由の原則」を確立させ，資本制社会を到来させることとなった。

　しかし，資本制社会が進展し独占の段階を迎えると，深刻な社会労働問題を引き起こすようになる。自由放任主義の経済活動は，経済的支配力をもつ者を生み出し，「持てる者」と「持たざる者」との格差は拡大化していった。持たざる者，すなわち労働者は失業や貧困に脅かされるようになったのである。

　たしかに，「国家からの自由」「経済活動の自由」は追求されるべき大事な方向ではあったが，それは同時に，働く者を"弱肉強食"の荒波に放り込むことにもなり，「貧困（欠乏）への自由」の扉を開いてしまうものであった。貧困に陥るのは本人が怠惰（なまけ者）で個人的な努力が足りないから，という考え方が浸透し，自己責任や自助努力が強調されるなか，保護や救済を受けることは恥ずべきこと，とする差別的な価値観が助長された。貧民や浮浪者，浮浪児が増大していった。

　当初，国家（夜警国家，消極国家）がとった政策は，社会防衛の観点から，貧民や浮浪者，浮浪児を懲らしめ罰するというものであった。しかし，社会不安や社会対立が激化してくると，しだいに「生かさず，殺さず」の最低ギリギリの水準で保護・救済を行なうという救貧政策に転じるようになる。この政策的背景には「貧困からの自由」を掲げた広範かつ強力な政治・社会・労働運動の展開があったからである。貧困の社会的原因や構造が明らかにされてくるなかで，人間に値する生活を営んでいけるよう，そのための立法政策化を国家に迫っていったのである。

　人間に値する生活を営んでいけるよう，その保障や施策を国家に要求していく自由（国家による自由）が社会権的基本権である。自由権的基本権と並んで，この社会権的基本権の重要性が認識されるようになり，第一次大戦後，ドイツのワイマール憲法（1919年）に最初に採用された。ワイマール憲法は「所有権は義務がともなう」として財産権に制限を加え，「人間に値する生活」の保障や労働者の団結権などを承認した。第二次大戦後，多くの国家がその憲法のなかに自由権的基本権や社会権的基本権を盛り込むようになり，それは「夜警国家・消極国家から福祉国家・積極国家へ」の転換を意味するものであった。

（3）児童保護・救済立法の定立化へ

①身分制・封建制社会（前近代社会）における児童救済

　身分制・封建制社会は，家族や村落を単位として営まれていた自給自足経済であった。個人は，家制度あるいは村落共同体の身分的で伝統的な秩序に組み込まれ，その生活様式に従わなければならない。子どもの地位は，家業や家の財産，家風を受け継ぐ者の関係のなかで序列が決められ，家父長である父親の絶対的な権限の下に置かれていたのである。子どもの地位は，家業や共同体を支えるべき手段として扱われ，尊厳ある一個の人間として尊重される存在とみられることはなかった。親の所有物あるいは従属物としての認識があたりまえであったのである。

　極貧生活からくる養育困難のなかで，庶民の間には堕胎や子捨て，子殺しが横行した。捨て子の救済は宗教家にゆだねられ，教会や寺院は，慈善や慈悲の施しとしてそれを行なった。もちろん，「子どもは，尊厳ある一個の人間として尊重される」というような視点からの対応ではなく，あくまで宗教家の神への信仰の表現として，その表現をいわゆる"脱落者"である浮浪者，浮浪児の救済行為に引っかけたものにすぎなかったのである。

②資本制社会（近代社会）における児童保護

　資本制社会は，とりわけ18世紀後半からの産業革命の過程（工場制手工業から機械制大工業への移行）のなかで，資本と賃労働の生産関係（雇う者〔＝資本家〕と雇われる者〔＝労働者〕という階級への分裂）を出現させた。技術革新による機械化は熟練労働の必要性を減じさせ，かわって単純労働が求められるようになり，女性（母親）や子どもが大量に使用されることになった。その労働環境や労働条件は過酷かつ劣悪なものであり，労働災害（疾病，負傷，死亡），低賃金，失業からくる生活不安を招くこととなった。まして低所得層の子どもは，成人労働者の代替として長時間，安い賃金で，生命や生存の危機をともなったいわゆる３Ｋ労働（きつい，きたない，危険）に従事することを余儀なくされたのであった。ここに児童労働問題が社会問題化してくる。

　「貧困からの自由」を掲げた広範かつ強力な政治・社会・労働運動の展開を受けて，19世紀後半以降，児童保護立法が次つぎと制定されるようになる（児童労働からの解放）。わが国においても1933（昭和８）年，児童労働の酷使を

問題とする旧児童虐待防止法が制定されている。児童労働に規制をかける法政策そして義務教育の法政策が進められ，過酷かつ劣悪な児童労働問題は解消の方向に向かって動き出すことになった。

　しかし，この時代における児童保護は，殖産興業や富国強兵にとって有能な人的資源を確保するという国家の人口・労働力政策として行なわれるにすぎなかった。その目的やその最低限の範囲のなかでしか貧民児童は救済されなかったのである。「子どもは，尊厳ある一個の人間として尊重される」というような視点からの対応は，ここにおいても存在しなかったといえる。

節　20世紀における子どもの権利の立法化

1 ——「児童の権利に関するジュネーブ宣言」（1924年）

　子どもは，長い歴史のなかで，親の所有物＝従属物，また戦力や労働力確保の人的資源ととらえられ，その生殺与奪の権は大人の手に握られてきた。自由権的基本権や社会権的基本権が伸張・確立されてくる取り組みの歴史のなかで，そして人権や権利の保障が発展してくるのに相まって，「子どもは社会的存在として承認され，その生命や生存が保護・救済されなければならない」とする世界的共通認識もしだいに広まってきたのである。そうした国際的動向のなか，1924年，国際連盟によって「児童の権利に関するジュネーブ宣言」が採択された。

　児童の権利に関するジュネーブ宣言にいたるきっかけとなったものが第一次大戦であった。第一次大戦は，人類存亡の危機にかかわる悲惨な事態，大戦争による犠牲を生み出した。多大の子どもの生命を奪い，子どもを極度の恐怖や欠乏のなかに追いつめるものであった。この大きな反省からジュネーブ宣言は成立したのである。この宣言は，各国の国民は子どもの生命や生存を守っていくための最善の努力を尽くすよう，その義務をうたった。

2 ——「世界人権宣言」（1948年）

　しかし，子どもの生命や生存を守っていくための最善の努力をつくすよう各国の国民の義務をうたったジュネーブ宣言は砕け散ってしまうことになる。十

数年後に第二次大戦が勃発，激化し，国際連盟もジュネーブ宣言も大きな戦争の波にのみ込まれた。悪夢は再び現実のものとなり，第一次大戦をはるかに越える規模の犠牲を生み出してしまったのである。ジュネーブ宣言は「国家間の戦争は人類の進歩と幸福を危険にさらすもの」という人類の歴史的教訓の上に築かれたはずであった。その土台がふき飛ばされ，せっかく芽ばえてきた「子どもは社会的存在として承認され，その生命や生存が保護・救済されなければならない」とする決意や取り組みも停止し，退化を余儀なくされたのである。

第二次大戦後，平和と民主主義の確立が国際社会の大きな目標となり，理想実現のため，1945年，国際連合（国連）が組織される。その国際連合憲章前文には「……われら一生のうちに2度まで言語に絶する悲哀を人類に与えた戦争の惨害から将来の世代を救い……」と強い信念が示され，また基本的人権や人間の尊厳の価値があらためて確認されたのである。

1948年には国連総会において世界人権宣言が採択された。この宣言前文は「……人類社会のすべての構成員の固有の尊厳と平等で譲ることのできない権利とを承認することは，世界における自由，正義及び平和の基礎である……」「……国際連合の諸国民は，国際連合憲章において，基本的人権，人間の尊厳及び価値並びに男女の同権についての信念を再確認し，かつ，一層大きな自由のうちで社会的進歩と生活水準の向上とを促進することを決意した……」と述べる。そしてその1条は「すべての人間は，生まれながらにして自由であり，かつ，尊厳と権利とについて平等である。人間は，理性と良心とを授けられており，互いに同胞の精神をもつて行動しなければならない」とうたっている。国際連合憲章を受けた世界人権宣言は前文と30条からなっている。宣言である以上，法的拘束力を有するものではないが，基本的人権の尊重と世界平和の構築とが密接不可分の関係にあることを明らかにしており，その世界人類史的意義は大きい。

この段階においてようやく，「子どもは，尊厳ある一個の人間として尊重される」という人権思想もしだいに広まってくるようになり，「子どもは人権や権利を有する者である」という認識に変わってきたのである。世界人権宣言にも，たとえば，「母と子は特別の保護及び援助を受ける権利を有する。すべての児童は，嫡出であると否とを問わず，同じ社会的保護を受ける」（25条2項）のように，

子どもの受けるべき権利が一部具体的に盛り込まれるようになったのである。

3──「児童の権利宣言」(1959年)

　児童の権利宣言は，世界人権宣言をより一歩かつ個別に伸張させる性格を有するもので，とくに子ども固有の権利として，それを全面的に保障していくことの必要性を確認し表明するものであった。同宣言の構成・内容は次のとおりである。

- ・前文〔児童の生存・生活・幸福追求権〕
- ・1条〔児童の権利の無差別平等原則〕
- ・2条〔児童の成長・発達の権利〕
- ・3条〔姓名・国籍保有の権利〕
- ・4条〔児童の社会保障の権利〕
- ・5条〔心身障害児の社会的必要充足の権利〕
- ・6条〔愛情をもって育てられることを要求する権利〕
- ・7条〔児童の教育を受ける権利と遊ぶ権利〕
- ・8条〔児童の優先的救護の権利〕
- ・9条〔児童の放任，虐待，搾取からの保護と労働保護の権利〕
- ・10条〔差別的慣行からの保護と平和のもとで育てられる権利〕

（条の見出しは，国民教育研究所，1979に従った）。

　しかし，宣言は法的拘束力をもたない。国際宣言とは，あくまで権利保障に取り組む姿勢を表明するだけのもので，もし，その国家がその政策をおこたったり，施策の推進に消極的であったとしても，法的に拘束することはできない。そこで条約化が望まれ，また必要となるのである。条約になれば，今度はそれを批准した国（締約国）には政策実施の義務が発生し，国連に対し政府がどのような取り組みを行なったのかを報告しなければならない。向上・増進が進まない場合には国際社会で厳しく批判され，人権面では遅れているとの評価を受けることになってしまうのである。

　児童の権利宣言も同様であった。児童の権利宣言から20年めにあたる1979年を，国連は「国際児童年」に設定した。このとき，ポーランドから条約草案が出され，この草案をもとにした「児童の権利宣言」の条約化が本格的に始動し

ていくことになる。

3節　児童の権利に関する条約と国内法の整備

1 ── 「児童の権利に関する条約」（1989年）

（1）条約成立の意義

　「国際児童年」（1979年）から10年をかけ，この間，国連の人権委員会や条約起草のための作業部会で徹底した議論や意見調整，文言修正が積み重ねられ，条約案づくりは進められた。そして児童の権利宣言30周年にあたる1989年，「児童の権利に関する条約」は第44会期国連総会において採択された。日本批准は1994（平成6）年4月22日，国内発効は同年5月22日である。

　児童の権利に関する条約には，多様な国際的人権保障に向けた取り組みの努力がその実を結び，またそれらの成果が摂取されている。また，子どもの人権を包括的に保障する構成や意味内容を有しており，締約国に対する法規範性と法的拘束力をともなっている。

（2）条約の特徴

　児童の権利に関する条約のまず何よりの特徴は，子どもを人権・権利の享有主体者ととらえることである。つまり，「人権・権利主体としての子ども」観が貫徹されている点である。長い歴史のなかで子どもにずっと付与され続けてきた「親の所有物・従属物としての子ども」観や「戦力や労働力確保の人的資源としての子ども」観は，明確に否定されている。「大人の手に握られる子どもの生殺与奪の権」という考え方も完全に否定されている。

　また，「社会的弱者がゆえに保護・救済されなければならない」という受け身の社会的存在（保護・救済の客体）として子どもをとらえない。「社会において個人として生活するための十分な準備が整えられるべき」「平和，尊厳，寛容，自由，平等及び連帯の精神に従って育てられるべきである」として，「子どもは特別の保護や援助についての権利を享有することができる」（かぎかっこ内は児童の権利に関する条約前文）と認識するのである。このことは，児童の権利に関する条約が「児童は，〜から守られる・〜を与えられる・保護指

導される」というような受動態ではなく，「子どもは，〜の権利を有する」という能動態の表現を用いている点からもうかがえる。

(3) 条約の基本原理

　児童の権利に関する条約は前文と全54条で構成されている。前文を含めどの条項も一つひとつ重要な内容であるが，とくに，基本原理として大事なものは，第2条〔差別の禁止〕，第3条〔子どもの最善の利益の考慮〕，第12条〔意見表明権の保障〕であろう。

　第2条で注目されることは，差別禁止の事項に「民族的出身（ethnic origin）」と「障害（disability）」が明文化され盛り込まれている点である。第1条に「子どもの定義」を置き，すぐその次に第2条をもってきていることは，「差別されてはならないこと」，すなわち平等を人権の核心と考えているからである。平等への権利（＝差別的取り扱いを受けることのない権利）は，特別な保護や援助が必要という以前に，まず，だれもが，どのような状態であっても，どこにいても，「不当に差別されることがない」が基本である。そのことを最初に明らかにしていることが最重要な点である。

　第3条の「子どもの最善の利益」（the best interests of the child）を考慮するとは，子どもにかかわるすべての活動はその最善の利益を第一に考え行なわれる必要がある，ということである。大人の論理，大人の都合，大人の勝手を，上下関係をつくってそのなかで子どもに一方的に押しつけてはならないのである。その子（英文では，子ども全般を表わす children ではなく，the child〔その子〕が使われている点に注意）が何を望みどうしたいのか，その子どもの願いや想いをどう汲み取りどのようにサポートしていくべきなのか，その関係性をつくる視点と姿勢が問われている。

　第12条の意見表明権の保障の重要性は次のような点にある。

　その子にとっての「最善の利益」や「幸福追求」は，周囲の大人（まして国家や社会の論理）によって勝手に意味づけられてはならない性質のものである。まず何よりも，その子自身の想いや考え，意見をしっかりと聴く必要がある。

　自己決定権（自分の意思や判断に従って，自己にかかわるすべてのことがらについて選択し決定を行なうことができる自由）や自己実現の権利（人間らしく自分らしく生きていくことを追い求めていく権利，憲法第13条の幸福追求権

と同じと考えてよい）は，今日，最重要の基本的人権のひとつに数えられている。当然ながら，子ども期においても，成人同様，これらの人権・権利は尊重されなければならない。自分の考えや意見を表明しながらまわりに理解を求めていくことは，自己決定や自己実現にとって必要で欠かせない平和的な方法・手段である。また，これは「言論の自由」「表現の自由」という人権の基幹でもある。

　子どもが自分が何を望み，何をどうしたいのかが主張できなければ（意見を表明することができなければ），自己決定や自己実現は阻害されてしまうことになる。だからこそ，社会全体のシステムとして，また個別具体的な問題解決の手続きとして，子どもの意見表明権を尊重し，意見を表明する（聴問される）機会を確保していく必要があるのである。

（4）条約の構成と内容

　条約に掲げられている人権・権利の保障については，次のように，大きく①基本原理，②自由権的基本権，③社会権的基本権，④手続的権利（人身の自由の確保に関係する権利），⑤異なる文化を有する民族の権利，という5つの内容に分類することもできる。

①基本原理

- ・差別の禁止（第2条）
- ・子どもの最善の利益の考慮（第3条）
- ・意見表明権の保障（第12条）

②自由権的基本権にかかわるもの

- ・表現，情報の自由（第13条）
- ・思想，良心，宗教の自由（第14条）
- ・結社，集会の自由（第15条）
- ・プライバシー，通信，名誉の保護（第16条）
- ・マスメディアへのアクセス（第17条）等

③社会権的基本権にかかわるもの

- ・生命への権利，生存・発達の確保（第6条）
- ・親の第一次的養育責任（第18条の1）
- ・親の第一次的養育責任と国の援助（第18条の2）

　・働く親をもつ子どもが保育サービス及び保育施設から利益を得る権利
（第18条の3）

　　・親による虐待，放任，搾取からの保護（第19条）

　　・家庭環境を奪われた子どもの養育（第20条）

　　・障害児の権利（第23条）

　　・健康，医療への権利（第24条）

　　・社会保障への権利（第26条）

　　・生活水準への権利（第27条）

　　・教育への権利（第28条）

　　・教育の目的（第29条）

　　・休息，余暇，遊び，文化的・芸術的生活への参加（第31条）

　　・経済的搾取，有害労働からの保護（第32条）

　　・性的搾取，虐待からの保護（第34条）

　　・他のあらゆる形態の搾取からの保護（第36条）

　　・犠牲になった子どもの心身の回復と社会復帰（第39条）等

④**手続的権利（人身の自由の確保に関係する権利）にかかわるもの**

　　・親からの分離禁止と分離のための手続（第9条）

　　・少年司法（第40条）等

⑤**異なる文化を有する民族の権利にかかわるもの**

　　・アイデンティティの保全（第8条）

　　・家族再会のための出入国（第10条）

　　・難民の子どもの保護，援助（第22条）

　　・少数者，先住民の子どもの権利（第30条）等

（条の見出しおよび文言は，国際教育法研究会訳（永井ら，2000）に従った）。

（5）女性の人権・権利保障との関連

①土台としての「平和・平等・発展」

　「平和・平等・発展」の文言は，国際女性年（1975年），国連女性の10年（1976
～1985年）で一貫して掲げられたスローガンである。児童の権利に関する条約
の理解を深めていこうとするとき，このスローガンから出発することがきわめ
て重要である。女性の人権・権利から広がって，あらゆる人権問題の"土台"

となるものだからである。「平和なくして平等・発展もなし」「平等なくして発展・平和もなし」「発展なくして平和・平等もなし」という命題は，人類史から導き出された歴史的教訓といってもよい。この三つはどれひとつとして切り離せないものであることを，子どもの人権・権利思想の中核にしっかりと刻み込んでいく必要がある。けっしてぶれたり，ずらしてはならない。「平和への権利」（平和的生存権）は，子どもの生命・生存・生活の大前提である。戦争や武力紛争などで子どもの生命が奪われたり，心身が傷つけられたり，そのすべてが犠牲になるようなことは，けっしてあってはならない。その意味で，日本国憲法の前文（徹底した平和主義），第13条（個人としての尊重，生命権・自由権・幸福追求権の最大の尊重），第9条（戦争の放棄・戦力の不保持・交戦権の否認）は，今日，ますますその輝きを増しているといえよう。憲法の理念を地球社会に向け強く発信し，そして定着させていく必要がある。

　国連総会は2000年を「国際平和の文化年」，続く2001～2010年を「世界の子どもたちのための平和と非暴力の文化国際10年」にすることを決め，これに先立ち，1999年，「平和の文化に関する宣言」を決議した。この宣言は，平和について「平和は単に争いがないということではなく，対話がはげまされて争いが相互理解と協力の精神で解決される。積極的で力強い参加の過程をふくむものであることを認識し……」とうたう。そして，この宣言第1条は，平和の文化について，「教育や対話，協力を通して生命を尊重し，暴力を終わらせ，非暴力を促進し，実践すること」「すべての人権と基本的な自由を十分に尊重し，その促進をすること」「発展の権利を尊重し，その促進をすること」等と述べている（日本語訳：平和の文化をきずく会）。

　教育や対話，協力を積み重ねていく過程のなかから，あらゆる形態の差別や不寛容を取り除き，平和の文化を打ちたてていくことが，まさに21世紀をつらぬく最重要の課題である。

　「平等への権利」は，「いかなる種類の差別もなしに」が基本である。差別や偏見があるところに敵対や排除，社会的分裂の芽が生じ，憎悪や暴力へとエスカレートしていくのである。こうした点からも，児童の権利に関する条約第2条「差別の禁止」は，きわめて重い意味をもっているといえる。かつて，国際障害者年（1981年）とそれに続く「国連・障害者の10年」（1983～1992年）が

掲げたスローガンは，「完全参加と平等」であった。そして，この国際的な取り組みに先立って策定された「国際障害者年行動計画」（1979年国連総会採択）の一節は「……ある社会がその構成員のいくらかの人々を閉め出すような場合，それは弱く脆い社会なのである」と指摘した。差別や排除は，一見勇ましく強そうに見えるが，じつは足元（内側から）崩壊していくもろさをもっている。個の価値や多様性を互いに大事に尊重し合えるような社会こそ，しなやかに安定し，かつ持続可能な発展へと向かって動いているのである。

　「発展の権利」は比較的，“新しい人権”でもある。国際的に共通の到達点となったのが，1986年に国連総会で採択された「発展の権利に関する宣言」である。この宣言前文のある一節は「……発展とは，人民全体及びすべての個人が，発展とそれがもたらす諸利益の公正な分配に，積極的かつ自由に，また有意義に参加することを基礎として，彼らの福祉の絶えざる増進を目指す包括的な経済的，社会的，文化的及び政治的過程である……」と述べている。つまり，発展の権利とは，参加していくことに本質的な意味があり，「エンパワメント（本人が力を獲得していくこと）」や「自己決定権」はその構成内容として欠かせないものである。今日，発展の権利—エンパワメント—自己決定権は，切り離すことのできない一体として，あらゆる生活領域や手続きのなかで重要となってきている。

②女性差別撤廃条約から大きく影響を受けている子どもの権利条約

　「平和・平等・発展」と児童の権利に関する条約の思想的なつながりを本質的な部分で大きくつかんだところで，さらに強調されるべきは，児童の権利に関する条約には女性差別撤廃条約の理念が具体的に盛り込まれている点である。

　子どもの権利と女性の権利が同時的にそして調和的に保障されている，ともいえる。女性に対するあらゆる形態の差別の撤廃，性別役割分業の変更という視点とその趣旨が，児童の権利に関する条約には貫かれている。それは次のような点からも明らかである。

　第2条は，出生による差別を禁止している。法律婚であろうと事実婚であろうと，その男女関係のなかから生まれてくる子どもは差別を受けることがあってはならない。嫡出子か非嫡出子（婚外子）かは，生まれてきた子にとっては

けっしてみずからが選択し決定でき得たことがらではない。2013（平成25）年9月，最高裁は婚外子の相続分差別規定（民法900条4号ただし書き）について違憲と判断した。その後，12月，国会において民法が改正され，嫡出子と非嫡出子の相続分は原則として同等になった。憲法第14条（法の下の平等）や女性の安心して子どもを生む権利（リプロダクティブ・ヘルス／ライツ〔性と生殖に関する健康／権利〕の一環）の保障という点からも大きな前進となった。

　第9条は，親からの分離の禁止である。親からの，という表現に注目してほしい。母親からの，ではないのである。児童の権利宣言（1959年）の第3条では「……児童は，健康に発育し，かつ，成長する権利を有する。この目的のため，児童とその母は，出産前後の適当な世話を含む特別の世話及び保護を与えられなければならない」と規定されていた。母と子がいっしょのものと考えられている。いわゆる「母子一体の原則」といわれ，これは，また「育児や介護，家事は女性の仕事」とする性別役割分業観につながるものである。児童の権利に関する条約はこうした価値観や固定的役割を変更させている。子どもは父親からも分離されてはならないのである。なお，この役割の変更は，第18条の1「親の第一次的養育責任」にも取り込まれている。「親双方（both parents）が子どもの養育および発達に対する共通の責任を有するという原則」が述べられいる。母親のみが子どもの養育責任を果たすものでないのである。

　第18条の3には「働く親をもつ子ども」が登場してきている。「親双方が働いていること」がすでに大前提とされている。とくに母親（女性）の勤労権（働く権利）保障を土台に，育児とその職業生活が両立できるよう，そのために保育サービスや保育施設は存在していることが明らかにされている。子どもの保育サービス・保育施設から利益を得る権利と，母親（女性）の勤労権（働く権利）の同時的・調和的保障が端的に示されているところである。

　性的搾取，虐待からの保護（第34条）は，子どもがなんらかの不法な性的行為に従事するよう勧誘されたり強制されること，子どもが売春または他の不法な性的行為に搾取的に使用されること，子どもがポルノ的な実演や題材に搾取的に使用されることを防止しようとするものである。子どもの「性」が人身売買，買春，ポルノ的使用の対象となり，搾取され，虐待されるという圧倒的現実がある。また近時，多様なセクシュアリティの指向・自己決定とその生き方

への寛容，制度的な保障が重要な人権問題となっている。その意味で，子ども期のセクシュアル・ライツ（性的人格権）保障への取り組みが必要不可欠になっている。

2──国内法の整備

(1) 子どもの人権擁護に向けて

　児童の権利に関する条約を日本が批准してから10年が経過した。この間，国内においても子どもの人権擁護にかかわる多種多様な法律が成立した。また重要な法律も改正された。主要と考えられるものをいくつか拾ってみよう。

- ・育児休業，介護休業等育児又は家族介護を行う労働者の福祉に関する法律（育児介護休業法）（1991年成立，1992年改正，1999年改正）
- ・障害者基本法（1994年改正）
- ・児童福祉法等の一部を改正する法律（児童福祉法の改正）（1997年）
- ・男女共同参画社会基本法（1999年）
- ・雇用の分野における男女の均等な機会及び待遇の確保等に関する法律（男女雇用機会均等法）の改正法施行（1999年）
- ・児童買春，児童ポルノに係る行為等の処罰及び児童の保護等に関する法律（児童買春，児童ポルノ禁止法）（1999年）
- ・児童虐待の防止等に関する法律（児童虐待防止法）（2000年）
- ・社会福祉法（1951年成立，2000年改正）
- ・配偶者からの暴力の防止及び被害者の保護に関する法律（ドメスティック・バイオレンス防止法〔ＤＶ防止法〕）（2001年）

などである。

　とくに，厚生労働省は2003（平成15）年を「次世代育成支援元年」とし，この年の第156回通常国会は，子どもや女性に関係する法律を次つぎと成立させた。ここでは，最近の立法動向も含めた子育て支援に関する主要な法律をいくつかをあげておこう。

- ・次世代育成支援対策推進法（2003年）
- ・障害者自立支援法等の一部改正に伴う児童福祉法の一部改正（2010年）
- ・少子化社会対策基本法（2003年）

- ・発達障害者支援法（2004年）
- ・子ども・子育て支援法（2012年）
- ・就学前の子どもに関する教育，保育等の総合的な提供の推進に関する法律の一部を改正する法律（認定こども園法の一部を改正する法律）（2012年）
- ・子ども・子育て支援法及び就学前の子どもに関する法律，保育等の総合的な提供の推進に関する法律の一部を改正する法律の施行に伴う関係法律の整備等に関する法律（2012年）
- ・子ども貧困対策法（2014年）
- ・障害者虐待防止法（2011年）
- ・障害者基本法改正（2011年）
- ・子ども・若者育成支援推進法（2009年）
- ・障害者差別解消法（2013年）
- ・改正子ども・子育て支援法（幼児教育と保育の無償化のための法改正）（2019年）

　しかし，ここでしっかりと確認し，ぜひとも押さえておきたいことは，少子化対策や子育て支援の政策が，国力衰退の防止や次世代労働力の健全育成という観点から展開されてはならないという点である。子どもを生み育てることのできる社会，不妊治療への支援の方向性は，見方を変えると，生まない選択をしている人，生むことができない人へ社会的圧力をかけていく危険性をともなっているといえる。「生めよ・ふやせよ」の人口政策の現代版とも批判されるものである。出産にかかわる事項は，リプロダクティブ・ヘルス／ライツ（性と生殖に関する健康／権利）として重要な人権問題であり，絶えずそのことを尊重する視点を欠落させてはならない。

(2) 地方自治体における取り組み—児童の権利に関する条約を活かす条例づくり

　子どもの福祉と人権擁護の向上・増進にとって地方自治体の存在と役割は欠かせないものとなっている。現在，自治体レベルにおいても，条約の広報や子ども計画の策定など，じつに多種多様な内容の条約実施の取り組みや活動が展開されている。とくに注目すべきは，条約の条例化，つまり，条例を制定することによって身近な地域から子どもの人権・権利を現実具体的に保障していこ

うとする動きである。

　子どもの権利に関する総合的な条例としては，たとえば，

　　・「川崎市子どもの権利に関する条例」（公布2000年，施行2001年）

　　・北海道「奈井江町子どもの権利に関する条例」（公布2002年，施行2002年）

　　・富山県「魚津市子どもの権利条例」（公布2006年，施行2006年）

　　・福岡県志免市「子どもの権利条例」（公布2006年，施行2007年）

等をはじめとして，年々その条例制定数は数を増している。

　また，子どもの個別な問題や課題に対応する人権擁護や権利救済に関する条例としては，たとえば，

　　・兵庫県「川西市子ども人権オンブズパーソン条例」（公布1998年，施行1999年）

　　・岐阜県「岐南町子ども人権オンブズパーソン条例」（公布2001年，施行2001年）

　　・「川崎市人権オンブズパーソン条例」（公布2001年，施行2002年）

　　・「埼玉県子どもの権利擁護委員会条例」（公布2002年，施行2002年）

等が次つぎと制定されてきており，その実際的運用が開始されている。

(3) 今後に向けて

　川崎市子どもの権利に関する条例には，人間としてのたいせつな子どもの権利として，「安心して生きる権利」「ありのままの自分でいる権利」「自分を守り，守られる権利」「自分を豊かにし，力づけられる権利」「自分で決める権利」「参加する権利」「個別の必要に応じて支援を受ける権利」があげられている。

　子ども期にこうした人権・権利が保障されていくということは，今度は，その人権・権利をたいせつにされ尊重された子どもたちが成年期を迎え，そのなかで年輪を重ねながら生きていくことになるので，結局，あらゆる世代間を通じた，すべての年齢の人間にとっての人権擁護となっていくのである。その意味で，「子ども期における人権・権利が大事にされるか否か」は，一生涯の土台に影響を与えるものであり，その後の人生のすべての生活面の質にかかわって作用し続けていくといってもよい。それだけに，国内法の整備は総合的な生活保障の体系（人権保障の法体系）として組まれていく必要がある。

　2006（平成18）年12月「障がいのある人の権利に関する条約（障害者権利条約）」が国連総会で採択され，2008（平成20）年5月に発効している。日本国は2007（平成19）年9月28日に条約に署名，2013（平成25）年12月4日に，締結のための国会承認を得て，2014（平成26）年1月20日に批准した。この条約の前文の一節は，「…いかなる者に対する障がいを理由とする差別も，人間の固有の尊厳及び価値を侵害するものであること」「…障がいのある児童が他の児童と平等にすべての人権及び基本的自由を完全に享有すべきであること」と謳い，第7条では，障がいのある子どもの「最善の利益の考慮」「意見表明権」を規定する。国内法の整備も，この条約の理念・趣旨に合うよう進められていく必要がある。

　"行政にとって統括・管理しやすい児童対策"ではなく，差別の禁止，子どもの最善の利益の考慮，意見表明権の確保をはじめとする児童の権利に関する条約の基本原理や理念を積極的に摂取しながら「子どもの最善の利益にとって意味のある人権擁護施策」を推進していくことが，21世紀を人権尊重社会，また人権文化社会に成熟させていく重要な鍵（キー）となっているのである。

 研究課題

1．「親の所有物・従属物としての子ども」「戦力や労働力確保の人的資源としての子ども」という考え方は克服されただろうか。子どもに関する事件や現実に起こっている問題に照らして考察してみよう。
2．六法に収録されている条文や条約の解説書などを手がかりに，実際に児童の権利に関する条約を読み，どの条文・条項に関心をもったか，それはなぜか，子どもに関する諸問題に引きつけながら考えて検証してみよう。
3．各自の住んでいる都道府県・市区町村では，子ども施策に関するプランや行動計画を策定，条例を制定している。それらを要約したもの（パンフレットや小冊子）でもよいので，関連する公的機関から入手し，その内容を読んで比較し，検討してみよう。

推薦図書

- ●『ハンドブック子どもの権利条約』　中野光・小笠毅（編著）　岩波書店
- ●『子どもオンブズパーソン—子どものSOSを受けとめて』　喜多明人・吉田恒雄・荒牧重人・黒岩哲彦（編）　日本評論社
- ●『セクシュアル・ライツ入門—子どもの性的人権と性教育のための20章』　浅井春夫　十月舎

Column 2

セクシュアル・ライツ（性的人格権）

　第4回世界女性会議（1995年，北京）でかなり白熱した議論が展開されたが，けっきょく，この用語は会議の成果である「宣言」や「綱領」には盛り込まれなかった。中絶の自由や同性愛の容認をめぐり，民族や宗教，文化などの違いによって，思想や見解の厳しい対立があったからである。しかし，「みずからのセクシュアリティに関することがらを管理し，それらについて自由かつ責任ある決定を行なう権利」というような表現で述べられた。「性は人権であること」の認識が国際的にもしだいに広がってきている。

　セクシュアル・ライツは性的権利，性的人権，性的人格権と訳されることがある。その内容は，「人間の尊厳に由来する性的自由（強制，脅迫，恐怖からの自由）や性的自己決定（自立・自律・自治への自由）を基本性質として，暴力性を排除していく自由権，セクシュアル・オリエンテーション（性的指向）を含む性による差別的取り扱いの撤廃をめざしていく平等権，ジェンダーに敏感になる視点からの積極的・多面的な施策を要求していく社会権，これらの要素を総合させたところの，セクシュアリティという人格価値についての，個人にとって固有の具体的な権利」と一応定義することもできる（片居木，2015）。

　この権利のなかには，リプロダクティブ・ヘルス／ライツ（性と生殖に関する健康／権利）が含まれる。すなわち「すべてのカップルと個人が自分たちの子どもの数，出産間隔，ならびにする時を責任をもって自由に決定でき，そのための情報と手段を得ることのできる基本的権利であり，最高水準の性に関する健康を得る権利」である。

　子ども買春，性暴力（セクシュアル・ハラスメントを含む），性的虐待，商業的性的搾取としてのポルノ，性感染症，HIV，望まない妊娠など，世界中のいたるところで，子ども自身がその被害者，またある場合には加害者となってしまっている深刻な人権侵害現実がある。子どものセクシュアル・ライツ保障へ向けた総合的な取り組みが強く求められている。

　具体的には，セクシュアル・ライツを人権学習の重要な一環として位置づけ，性的判断力の形成や獲得を支持し励ましていく人権教育の推進は欠かせない課題である。そしてその方向や内容は，「多様なセクシュアリティへの寛容を学習する権利」の保障として焦点化させていく必要をともなっているといえる。

第**3**章
子どもの福祉に関する法と制度

　本章では，子ども家庭福祉にかかわる法制度およびサービスを提供する機関や施設，それらに携わる人々について学習する。子ども家庭福祉の根幹となる児童福祉法はここ数年，社会状況の変化をふまえて，法改正がくり返されている。また，児童虐待の増加や少子社会への取り組みとして新しい法律が次々に制定されている。法制度は，その社会が何を福祉に期待しているかということを受けて変化する。社会のニーズを把握しながら，法の内容を理解してほしい。同様に，子ども家庭福祉の専門機関，施設，従事者についても見直しが行なわれている。社会福祉従事者として最も人数の多い保育士は国家資格となり，子育て・家庭支援を行なう専門職として位置づけられている。より良いサービスを提供することのできる専門職として，確かな知識を身につけてほしい。

節. 児童福祉法の展開

(1) 児童保護から児童福祉へ

　児童福祉法は1947（昭和22）年12月に制定され，1948（昭和23）年１月より施行された。戦前にも，児童虐待防止法，母子保護法，少年教護法など，必要最小限，子どもを保護するための法律は存在していたが，それらはいずれも，天皇制国家および「家」制度を支え，大日本帝国を繁栄させるための人的資源の確保という思想で貫かれていた。子どもへの虐待の防止，「非行」少年の善導・更生，母子保護などの政策推進は，戦争＝軍事国家の「健兵健民」づくりに焦点が合わせられていたのである。

　第二次大戦に敗戦した日本は，その後，戦争＝軍事国家，天皇制国家，大日本帝国憲法を大きく否定し，平和と民主主義をめざし再出発することになる。人権保障法の根幹である日本国憲法（平和憲法）が制定・施行された（1946〔昭和21〕年11月制定，1947〔昭和22〕年５月施行）。憲法＝人権保障法の法体系に位置づけられるように，続けて児童福祉法も制定・施行されたのである。

　敗戦直後の国内状況は貧困と混乱が渦巻いていた。悲惨な戦争は，浮浪児，戦災孤児，外地からの引き上げ孤児を急増させた。家族，食料，財産，住居などすべてを消失させたなかで，絶対的な貧困は子どもの生命・生存（最低限度の生活）を危機に陥れ，その事態はじつに深刻なものであった。こうした状況にあって，初めは，保護を要する児童への緊急的対応策という，一部の，限られた，狭い意味の児童保護政策が考えられ，児童保護法案が予定されていた。しかし，平和憲法の時代精神は，もっと広く子ども一人ひとりの「いのち・健康・暮らし」を保障していくべきという「人権の普遍化」を指向するものであり，そうした時代精神が児童保護から児童福祉に転換させていく原動力となった。すべての子どもを対象とする児童福祉法はこうして誕生した。

(2) 児童福祉法の基本原理

　児童福祉法１条は「全て児童は，児童の権利に関する条約の精神にのつとり，適切に養育されること，その生活を保障されること，愛され，保護されること，その心身の健やかな成長及び発達並びにその自立が図られることその他の福祉を等しく保障される権利を有する」とうたい，２条１項は「全て国民は，児童

が良好な環境において生まれ，かつ，社会のあらゆる分野において，児童の年齢及び発達の程度に応じて，その意見が尊重され，その最善の利益が優先して考慮され，心身ともに健やかに育成されるよう努めなければならない」と規定する。児童福祉法の理念が「児童の権利に関する条約」の精神と密接につながっていることを明確に打ち出しており，また児童福祉法はこの条約の「子どもの最善の利益の考慮」という子どもの人権擁護の価値を取り込んでいる。私たち国民一人ひとりの大人は，社会を構成する同じ一員として，子どもの人権を擁護していくよう努めていかなければならない。

　２条３項は「国及び地方公共団体は，児童の保護者とともに，児童を心身ともに健やかに育成する責任を負う」と規定されている。「国及び地方公共団体は……責任を負う」となっており，子育て支援の国家責任（公的責任）が積極的に示されている。「保護者とともに」ともあるが，子どもの養育責任をけっして親（保護者）だけに帰することなく，国家のそれを援助していく責任が明確にされているのである。この理念は，まさに児童の権利に関する条約（とりわけ18条の１）と完全に一致していくところである。

　３条には「前二条に規定するところは，児童の福祉を保障するための原理であり，この原理は，すべて児童に関する法令の施行にあたつて，常に尊重されなければならない」とある。「人権・権利性と公的責任性の明確化」は，戦後の社会福祉に貫かれてきた重要な理念といえる。子ども家庭福祉も，また，その例外ではないといえる。

(3) 児童福祉法「改正」の政策的動向

①1997年「改正」の意味内容

　少子化の進行，働く女性の増加と共働き家庭の一般化，核家族化・離婚の増加，家庭や地域における子育て機能の低下など，子どもや家庭をめぐる状況は大きく変化した。また，子どもの権利条約の批准もあり，子どもの人権・権利に敏感な視点の定着と深化の具体的で有効な取り組みや活動も活発化してきた。こうした状況に対応して，「子どもの健康で安全な個性ある成長を支える」「子どもを養育している家庭を支援する」という視点から，児童福祉のより一層の質的充実を図るとして，児童福祉法が戦後50年ぶりに大幅改正された。1997（平成９）年，児童福祉法等の一部を改正する法律（改正児童福祉法）が成立，

1998（平成10）年4月より施行された。

　どのような点が改正されたのだろうか。そのおもな特徴をあげてみよう。

〔保育制度の見直し〕

　・保育所入所が，市町村の措置制度（行政処分）から利用者の申し込みによ
　　る利用契約制度へ（24条）。

　・「保育する措置」「入所の措置」などの文言が「保育の実施」へ（24条）。

　・所得税額に応じた保育料負担（応能負担方式）から「保育の実施にかかっ
　　た子どもの年齢に応じた保育料負担」（定額負担方式〔応益負担方式〕）へ
　　（56条）。

　・保育所を利用する子どもの家庭だけではなく，地域の家庭からの子育て相
　　談に応じるようにする（保育所における子育て相談機能の強化）（48条の3）。

　・放課後児童健全育成事業（放課後児童クラブ）の法制化（6条の2）。

〔児童自立支援施策の充実〕

　・児童家庭支援センターを設置（児童養護施設などに附置）し，地域での子
　　どもや家庭に対する相談・支援体制を強化する（44条の2）。

　・都道府県知事（実際は児童相談所長）は施設入所等の措置の決定やその解
　　除にあたっては都道府県児童福祉審議会の意見を聴かなければならない
　　（27条6項）。また，措置にあたっての報告書には子どもや保護者の意向が
　　参考となる事項として記載されなければならない（26条2項）。

　・教護院を児童自立支援施設に，養護施設を児童養護施設にそれぞれ改め，
　　自立支援の機能を強化，その役割を見直す（44条，41条）。

〔母子家庭支援施策の見直し〕

　・母子寮を母子生活支援施設に改め，母子家庭の自立を支援する仕組みを強
　　化する（38条）。

②2001年「改正」の意味内容

　2001（平成13）年の法改正の趣旨には，「保育需要の急速な増大を背景に認
可外保育施設における乳幼児の事故が社会問題化していることに緊急に対応す
るため」「都市化の進行など児童を取り巻く環境が大きく変化し，児童の健や
かな成長に影響を及ぼす恐れのある事態が生じていることに対応するため」と
いう考え方が示されている。そして，実際に，次のような点が改正された。

〔認可外保育施設の規制〕

・認可を受けていないものについては，その施設の設置者は，その事業の開始の日から1ケ月以内に，都道府県知事に届けなければならない（59条の2）。

〔保育所の計画的増設の責務〕

・保育の実施への需要が増大している市町村は，公有財産の貸付けその他の措置を積極的に講ずることにより，社会福祉法人その他の多様な事業者の能力を活用した保育所の設置又は運営を促進し，保育の実施に係る供給を効率的かつ計画的に増大させるものとする（56条の7）。

〔保育士資格の法定化〕

・保育士とは，登録を受け，保育士の名称を用いて，専門的知識及び技術をもって児童の保育及び児童の保護者に対する保育に関する指導を行うことを業とする者（18条の4）。

〔児童委員制度の活性化〕

・都道府県知事は，厚生労働大臣の定める基準に従い，児童委員の研修に関して計画を作成し，これを実施しなければならない（18条の2）。

③2003年「改正」の意味内容

次世代育成支援対策推進法，少子化社会対策基本法の成立と相まって，子育て支援立法の一環として位置づけられるものである。法改正の趣旨は，「急速な少子化の進行等を踏まえ，すべての子育て家庭における児童の養育を支援するため，市町村における子育て支援事業の実施，市町村保育計画の作成等に関する規定を整備する等の措置を講ずることにより，地域における子育て支援の強化を図ること」としている。そして，実際に，次のような点が改正された。

〔市町村における子育て支援事業の実施等〕

・市町村は，子育て支援事業に関し必要な情報提供を行い，保護者から求めがあったときは，当該保護者の希望等を勘案し，当該保護者が最も適切な子育て支援事業が利用できるよう，相談に応じ，必要な助言を行うとともに，必要に応じて，子育て支援事業の利用についてあっせん又は調整を行い，子育て支援事業を行う者に対し，当該保護者の利用の要請を行うものとすること（21条の11）。

〔市町村保育計画の作成等〕

・保育の実施への需要が増大している市町村は，保育の実施の事業及び主務省令で定める子育て支援事業その他児童の保育に関する事業であって特定市町村が必要と認めるものの供給体制の確保に関する計画を定めるものとすること（56条の8）。

④2004年「改正」の意味内容

　深刻化する児童虐待の現実態とその対応の必要性から児童虐待の防止等に関する法律が改正された。その動きと連動して2004（平成16）年12月，児童福祉法の一部を改正する法律が公布された。おもな改正点は，以下のとおりである。

〔児童相談体制の充実〕

・児童相談の第一義的窓口を市町村とすること（10条）。
・都道府県（児童相談所）はより高度な専門性が求められるケースに絞って取り組んでいくこととし，市町村に必要な援助を行なうこと（11条1項）。
・要保護児童の通告先としての市町村の追加（25条）。

というものである。

〔児童相談所における専門性の向上・確保〕

・児童相談所長に対する研修の義務化（12条の3）。
・児童福祉司の任用資格要件の見直しが行なわれ，大学卒業後1年以上の相談業務の経験が必要となった（13条）。

〔地方公共団体における要保護児童対策地域協議会の設置〕

・地方公共団体は，関係機関，関係団体および児童の福祉に関連する職務に従事する者などで構成される「要保護児童対策地域協議会」を設置することができること（25条の2）。
・同協議会は，必要に応じて関係機関等に対して情報の提供，意見の開陳，必要な協力を求めることができること（25条の3）。
・同協議会を構成する者は秘密保持義務があること（25条の5）。

などが規定された。

　ちなみに，2007（平成19）年の法改正において25条の2は「～置くよう努めなければならない。」に変わり，「できる規定」から努力義務化規定に強まった。

　なお，児童福祉施設に関しては，乳児院および児童養護施設の入所児童の年齢要件が見直され，児童福祉施設および児童自立生活援助事業（自立援助ホー

ム）の退所児童に対する援助が明記（41条）された。里親に関しては，里親の定義規定（6条の3）が設けられ，受託児童の保護について都道府県知事がかかわれるようになった（30条の2）。

　要保護児童に関しての家庭裁判所の役割も強化された。家庭裁判所の承認を得て行なう施設入所等の措置期間を原則2年未満とし，これを超える必要があるときは，都道府県が家庭裁判所の承認を得て更新できることとなった（28条2項）。また，家庭裁判所が保護者に対し指導措置を採ることが相当であると認めるときは，その保護者に対して指導措置を採るよう都道府県に勧告することができるようになった（28条5項）。さらに，親権喪失宣告の請求に関して，親権の濫用や子の利益を害するような状況に置かれている保護対象が満20歳に満たない者［児童等］にまで拡大された（33条の7）。

　また，2007（平成19）年の法改正によって，未成年後見人選任の請求に係っている児童等に対して，親権を行なう者または未成年後見人があるに至るまでの間，児童相談所長が親権を行なうこととされた（33条の8）。

⑤障害者総合支援法の成立と児童福祉法の一部改正（2010年）

　障害者自立支援法に2005（平成17）年10月に成立し，2006（平成18）年4月から施行された障害者自立支援法は2012（平成24）年6月に障害者総合支援法に名称変更を伴って変わった。施行は2013（平成25）年4月からである。この障害者自立支援法により児童福祉法も一部改正され，障害をもつ子どもの福祉の仕組み・体系が大きく変更されることになった。おもな改正点は，次のとおりである。

- ・「障害児」規定の変更（児童福祉法4条2項：この法律で，障害児とは，身体に障害のある児童又は知的障害のある児童，精神に障害のある児童（発達障害児を含む），治療方法が確立していない疾病その他の特殊の疾病であって障害者総合支援法の第4条1項の政令で定めるものによる障害の程度が同項の厚生労働大臣が定める程度である児童をいう。）
- ・「障がいのある子ども及びその保護者の意思の尊重」「障がいのある子及びその保護者の立場に立つこと」の明記（児童福祉法21条の5の17）

　児童家庭福祉の領域においても，「措置制度から利用契約制度」への組み換えが着実に進み，その制度や運用が固められてきている。しかし，その「改

革」「改正」の本質は，常に利用者負担がセットされており，全般的傾向とし
て，福祉財政の困難化（歳出削減）と受益者負担の強化が一体となって政治
（制度）構築が展開されているとも指摘できる。

⑥児童虐待の防止強化に向けた改正児童福祉法の成立（2019年）

　親の子どもへの「体罰禁止」と児童相談所の「体制強化」を盛り込んだ改正
児童虐待防止法と改正児童福祉法が成立した（2019年6月19日，2020年4月施
行）。改正法は，親権者や里親，児童福祉施設長が子どもをしつけるときの体
罰を禁止し，親権を行なう者に必要な範囲内で子どもを懲戒することを認めて
いる民法822条について，改正法施行後2年をめどに検討するとしている。ま
た，子どもの安全確保を最優先にする保護のため，児童相談所に関して，一時
保護などの「介入」の担当と保護者の相談など「支援」を担当する職員を分離
し，介入機能を強化した。親子の転居時も児童相談所や関係機関の間で情報を
共有し合い，切れ目のない支援を続けるとし，ドメスティックバイオレンス
（DV）の対応機関との連携，人口や対応件数に考慮した児童福祉司の児童相談
所への配置増や体制も強化するというものである。

 **節　児童福祉法以外の関連法令**

1──子ども家庭福祉と深くかかわる法令

(1) 児童福祉施設の設備及び運営に関する基準（1948年制定）

　児童福祉法第45条第2項の規定に基づき，児童福祉施設の設備と運営につい
て定めた省令である。この省令は「児童福祉施設に入所している者が，明るく
て，衛生的な環境において，素養があり，かつ，適切な訓練を受けた職員の指
導により，心身ともに健やかにして，社会に適応するように育成されることを
保障するものとする」（省令第2条）ことを目的としている。第5条には児童
福祉施設の一般原則が示されており，第1項では「児童福祉施設は，入所して
いる者の人権に十分配慮するとともに，一人一人の人格を尊重して，その運営
を行わなければならない」と児童福祉施設利用者への人権擁護について示され
ている。

(2) 児童扶養手当法（1961年制定）

　ひとり親家庭の生活の安定と自立促進に寄与することを目的とした法律である。手当の支給対象は，18歳に達する日以後の最初の3月31日までにある児童（障害児の場合は20歳未満）を監護する父または母または養育する者である。受給者は97万3,118人（2017年度末）であり受給理由の多数は離婚である。受給額は1人目の子どもに42,910円（全額支給）であり，子どもが増えるごとに加算される（2人目以降は，一人あたり10,140円が加算）。受給資格者の所得により一部支給も行なわれている。支給は年6回（2か月に1回）となっている（2019年11月より）。ひとり親家庭における子どもの貧困が社会的課題となっている今日，きめ細かな支給体制とすることで，ひとり親家庭の安定した生活につなげることが期待される。

(3) 特別児童扶養手当等の支給に関する法律（1964年制定）

　精神または身体に障害をもつ20歳未満の障害児をもつ父もしくは母又はその養育者に支給し，障害児の福祉増進を目的とした法律である。この法律には特別児童扶養手当，障害児福祉手当，特別障害者手当が示されている（支給対象者および支給額は表3-1参照）。特別児童扶養手当の支給対象児童数は19万8,238人（2010年度末）であり年々増加している。障害別で内訳をみると，知的障害がほぼ6割となっている。

表3-1　特別児童扶養手当等支給対象者と支給額

	特別児童扶養手当	障害児福祉手当	特別障害者手当
支給対象者	20歳未満の障害児の養育者	常時介護を必要とする20歳未満の在宅の重度障害児	常時介護を必要とする20歳以上の在宅の重度障害者（障害者年金と併給可）
支給額	1級障害　52,200円 2級障害　34,770円	14,790円	27,200円

注）いずれの支給額も2019年度である。

(4) 児童手当法（1971年制定）

　保護者が子育てについての第一義的責任を有するという基本的認識のもとに，児童を養育している者に手当を支給することで，家庭等における生活の安定に寄与するとともに次代の社会を担う児童の健やかな成長に資することを目的とした法律である。支給対象および支給額は表3-2の通りである。扶養する子

どもの人数によって，所得限度額は変わってくる。扶養する子どもが2人の場合，所得が698万円以下が受給対象となる。なお，所得制限限度額以上の子育て家庭に対しては，特例給付として子ども一人あたり月額5,000円が支給される。子育て家庭の経済的負担を軽減し，子どもに安定した生活環境を提供することを目的とした制度である。

表3-2　児童手当支給対象および支給額

	支給対象	支給額
3歳未満	一人あたり	15,000円
3歳以上小学校修了まで	第一子および第二子 第三子以降	10,000円 15,000円
中学生	一人あたり	10,000円

(5) 母子及び父子並びに寡婦福祉法（1964年母子福祉法として制定）

　母子家庭等および寡婦の生活の安定と向上のために必要な措置を行なうことで，福祉の向上を目的とした法律である。1981（昭和56）年の法改正時に母子家庭の母であった寡婦に対しても福祉の措置がとられるようになり，2014（平成26）年に現行名となった。この法律での「児童」は満20歳未満の者をさしており，「母子家庭等」とは，母子家庭および父子家庭をさしている（第6条）。母子のみならず，父子家庭の増加およびそれぞれのひとり親家庭が抱える生活・子育てでの多様な課題を解決するための基本となる法律となっており，子育て・生活支援，就業支援，養育費の確保等が記されている。

(6) 母子保健法（1965年制定）

　母性（母親）ならびに乳幼児の健康の保持および増進を図るため，母子保健，保健指導，健康診査，医療等の措置を行なうことを目的とした法律である。この法律では，すべての児童が健やかに生まれ，かつ，育てられる基盤である母性が尊重されること，乳幼児が健全な人として成長していくための健康が保持・増進されること，母性や児童の保護者が母子保健に対する正しい知識を身につけるよう努力すること，母子保健を促進するための責任が国や地方公共団体にあることが示されている。

　2018（平成30）年に法改正が行なわれ，児童虐待の予防および防止としての母子保健施策（第5条），妊娠期から子育て期の切れ目のない包括的な支援体

制としての，母子健康包括支援センター（第22条）が法律に記載された。

(7) 児童虐待の防止等に関する法律（2000年制定）

　児童虐待が児童の人権を著しく侵害し，その心身の成長および人格の形成に重大な影響を与えるとともに，わが国における将来の世代の育成にも懸念を及ぼすことをかんがみ，児童虐待の禁止や児童虐待に対する国および地方公共団体の責務，虐待を受けた児童の措置等を定めることで，児童虐待の防止等に関する施策を促進し，児童の権利利益に資することを目的とした法律である。第2条において，児童虐待の定義を明らかにするとともに，児童への虐待の禁止（第3条），児童虐待の早期発見（第5条），通告（第6条），通告を受けたときの措置（第8条）等について定められている。法制定により，児童虐待に対する予防から自立支援まで幅広い施策が行なわれるようになった一方，しつけを理由とした体罰による子どもの死亡事例があとを絶たない。また，児童虐待への社会的関心の高まり等もあり，要となる相談機関である児童相談所はその業務に追われる一方となっている。2019（令和元）年には法改正が行なわれ，親権者および児童福祉施設の長等はしつけを目的とした体罰を禁止すること，児童相談所の機能強化，関係機関の連携強化が盛り込まれた。

2——子ども家庭福祉と関連のある法令

(1) 民法（1896・1898年制定）

　人の財産や身分に関する一般的な事項を規律する法である。総則，物件，債権，親族，相続の5編からなっており，親族，相続については1898（明治31）年に制定された。第4編の親族で示される親権（818条）や未成年後見人（839条）といった児童や保護者にかかわる規定がある。親権に関する事項として親権を行なう者は子の利益のために監護，教育を行なうこと，親権の一時停止制度，未成年後見制度などが挙げられる。

　2018（平成30）年，2019（令和元）年に民法改正が行なわれ，2018年の改正では成年の年齢が20歳から18歳となった（施行は2022年度より）。これまで子ども家庭福祉関係の各法が児童を18歳と規定していたことから，子どもでもない成年でもない期間（18歳，19歳）が生じていたが，この改正により，子どもと成年の連続性が生じることとなった。また女性の婚姻年齢が16歳から18歳に

引き上げられ，男性と同じ年齢に位置づけられた。2019年の改正では，特別養子縁組における養子縁組の年齢が原則 6 歳未満から15歳未満に引き上げられた。

(2) 少年法（1948年制定）

　少年の健全育成や非行少年に対する性格の矯正，環境の調整に関する保護処分，少年および少年の福祉を害する成人の刑事事件について特別の措置を行なうことを目的とした法律である。この法律において，「少年」とは20歳に満たない者をさしている。近年，少年非行の発生数は減少または横ばい状態にあるが，凶悪犯罪や女子の性犯罪が増加している。

(3) 児童憲章（1951年制定）

　児童福祉法制定後，法で示された理念を普及させるために制定された，わが国の子どもの権利に関する宣言である。前文の「児童は，人として尊ばれる」「児童は，社会の一員として重んじられる」「児童は，よい環境のなかで育てられる」という 3 条および本文12条から成り立っている。子どもの保護を受ける権利を明確にした憲章であり，今日の児童福祉の理念においても重要な役割を果たしている。

(4) 育児・介護休業法（1991年制定）

　正式には，「育児休業，介護休業等育児又は家族介護を行う労働者の福祉に関する法律」である。育児休業および介護休業制度を定めることにより養育を行なう者や介護を行なう者の雇用継続および再就職をうながし，労働者の職業生活と家庭生活の両立に寄与することで労働者の福祉増進および経済・社会の発展に貢献することを目的としている。この法律では育児休業を「労働者がその子を養育するための休業」と定めている（法第 2 条）。

(5) 児童買春，児童ポルノ禁止法（1999年制定）

　正式には，「児童買春，児童ポルノに係る行為等の処罰及び児童の保護等に関する法律」という。児童に対する性的搾取や性的虐待が児童の権利を著しく侵害することの重大性にかんがみ，児童買春・ポルノにかかわる行為に対する厳重な処罰や児童への保護について定めることで児童の権利擁護の促進を目的とした法律である。具体的には児童買春等を行なった者に対する処罰や捜査等における児童の人権への配慮，心身に有害な影響を受けた児童の保護等について定めている。

(6) DV防止法（2001年制定）

　正式には，「配偶者からの暴力の防止及び被害者の保護に関する法律」という。配偶者からの暴力にかかわる通報，相談，保護，自立支援の体制を整えることで，配偶者からの暴力の防止および被害者の保護を目的とした法律である。配偶者からの暴力の定義，国および地方公共団体の責務，配偶者暴力相談支援センター，配偶者からの暴力の発見者による通報，保護命令等について定められている。DV（ドメスティック・バイオレンス）は，男性から女性に行なわれることが圧倒的に多く，家庭にいる児童にとっても深刻な影響を及ぼすこととなり，児童を直接的に対象とした法律ではないものの大きな意味をもつ法律となっている。

(7) 子ども・若者育成支援推進法（2009年制定）

　憲法および国連の児童権利条約の理念にのっとり，子どもや若者の健やかな育成，社会生活を円滑に営むことができるようにするための支援等について規定し，総合的な子ども・若者育成支援のための施策を推進することを目的とした法律である。おもな内容として，子ども・若者計画の策定や地方自治体における子ども・若者総合相談センターの設置等が示されている。

(8) 子ども・子育て関連3法

　質の高い幼児期の教育・保育の総合的な提供，保育の量的拡大・確保，地域の子ども・子育て支援の充実をめざすことを目的に2012（平成24）年8月に「子ども・子育て支援法」「就学前の子どもに関する教育，保育等の総合的な提供の推進に関する法律の一部を改正する法律」「子ども・子育て支援法及び就学前の子どもに関する教育，保育等の総合的な提供の推進に関する法律の一部を改正する法律の施行に伴う関係法律の整備等に関する法律」の3つの法律が公布された。「子ども・子育て支援法」では，その目的として子どもや子どもを養育している者に必要な支援を行なうことで，一人ひとりの子どもが健やかに成長することができる社会の実現に寄与することを定めている。法に定める給付は「子ども・子育て支援給付」と「地域子ども・子育て支援事業」から構成されている。「子ども・子育て支援給付」は，児童手当，施設型給付，地域型保育給付の3給付で構成されており，幼稚園（私学助成幼稚園，国立幼稚園を除く），保育所，認定子ども園による教育・保育の提供は「施設型給付」と

位置づけられる。「地域子ども・子育て支援事業」には，地域子育て支援拠点事業，一時預かり事業等が位置づけられている。2019（令和元）年10月に法改正が行なわれ，幼児教育・保育の無償化が始まった。3〜5歳児クラスの幼稚園，保育所，認定こども園等の利用料が無料となる。3歳未満の子どもの利用料については，住民税非課税世帯のみが対象となる。

3——保育所保育指針

保育所保育指針は，保育所保育に関する基本的な事項を定めたものであり，1965（昭和40）年に制定された。現在，施行されている指針は，2018（平成30）年度より施行されている内容となっている。内容として，保育所における保育理念や保育内容が盛り込まれているが，3歳以上の保育内容については，幼稚園教育要領・幼保連携型認定こども園教育・保育要領と同じ内容となっており，幼児期の教育を提供することが明示された。また，近年子どもたちに増加しているアレルギー等の健康管理・安全対策等も明記されている。

4——施設運営指針および里親等養育指針

施設運営指針および里親等養育指針は，社会的養護に関する施設（児童養護施設，乳児院，児童心理治療施設，児童自立支援施設，母子生活支援施設），里親，そしてファミリーホームにおける養育の基本的な事項を定めたものであり，2012（平成24）年度より実施されている。これまで，社会的養護に関する施設・里親等による養育に関する指針がなく，その養育内容については，現場の職員や里親等に委ねられていた。その結果，施設ごとによる養育内容にも差が生じることとなった。社会的養護については，施設入所，里親等委託のいずれにおいても，措置による利用となり，そこで生活をする児童に選択権はない。そのため，施設ごとでの養育内容の差をできるだけなくし，一定以上の質が担保されることが望ましい。運営指針および養育指針は，施設や里親等のめざすべき方向が示されている。構成は，各施設に共通する総論と施設種別ごとの各論から成り立っている。

❸節 社会福祉法との関係

1──社会福祉法の制定と子ども家庭福祉とのかかわり

(1) 社会福祉法制定までの過程

　1951（昭和26）年に制定された社会福祉事業法は，社会福祉制度の基本的事項が示されており，戦後50年にわたってわが国の福祉制度やサービスのあり方を支えてきた。しかし，少子高齢社会の進行，家庭機能の変化等，社会状況の変化にともなう福祉ニーズの変化によって，一般化，多様化する福祉ニーズにこたえる仕組みが必要とされてきた。1990年代後半から，社会福祉の基礎構造を見直す取り組みが行なわれるようになり，1998（平成10）年には中央社会福祉審議会社会福祉構造改革分科会が「社会福祉の基礎構造改革について（中間まとめ）」を報告し，今後の社会福祉事業のあり方について示した。この内容をふまえて2000（平成12）年に「社会福祉の増進のための社会福祉事業法等の一部を改正する等の法律」が成立し，社会福祉法が制定された。この時，①利用者の立場に立った社会福祉制度の構築，②サービスの質の向上，③社会福祉事業の充実・活性化，④地域福祉の推進，があげられた。

(2) 子ども家庭福祉とのかかわり

　社会福祉法は，社会福祉全般に共通する理念および基本的事項が規定された法であり，当然のことながら，子ども家庭福祉の各種施策・事業も含まれている。たとえば，社会福祉法第2条には，定義として各法律に基づく事業が明記されており，第一種社会福祉事業として，乳児院や児童養護施設等の児童福祉施設が位置づけられている。同法第4条に規定される地域福祉の推進には，地域住民が地域における多様な活動に参加する機会が得られること，生活困難課題が生じた時には解決のために，関係機関とつながることができることなどが記載されている。これらの内容は，今日の地域子育て支援や配慮を必要とする子ども・子育て家庭に対する支援にも通じる内容であり，子ども家庭福祉施策が社会福祉の一環として取り組まれていくためにも，社会福祉法とのつながりを意識することが重要といえる。

2 ——社会福祉法での具体的な位置づけ

　社会福祉法では，その理念として「サービス利用者と提供者の対等な関係の確立」が示されており，利用者の権利を擁護するためやサービスの質を確保するための方策が盛り込まれている。この方策は子ども家庭福祉サービスとも深い関係がある。

　社会福祉法第5章では，福祉サービスの適切な利用として福祉サービスを利用者が適切に利用することができるような方策が示されている。

　第75条では，情報の提供として，社会福祉事業を行なう者は福祉サービスを利用しようとする者が適切にかつ円滑にこれを利用することができるよう，情報提供を行なうよう努めることが示されている。児童福祉施設を利用する児童および保護者がサービス内容を正確に把握し，選択することができるような情報提供が求められる。保育所利用については，保護者の選択利用制度となっており，保護者が保育所についての情報を得ることでニーズにあったサービスが選べるようにしなければならない。

　第78条では，社会福祉事業の経営者は，その提供する福祉サービスの質の評価を行なうことその他の措置を講ずることにより，常に福祉サービスを受ける者の立場に立って良質かつ適切な福祉サービスを提供するよう努めなければならないとされている。福祉サービスの質の評価を確保する目的から，第三者評価事業が積極的に取り組み始められている。児童養護施設等，措置入所となる児童福祉施設では，第三者評価が義務化されており，3年に1回実施されている。子どもの権利を守るために，有効に活用されている。

　第82条では，社会福祉事業の経営者は，常に，その提供する福祉サービスについて，利用者等からの苦情の適切な解決に努めなければならないとされている。児童福祉施設やサービス利用にあたって，苦情や希望をサービス提供者に伝え，その解決にあたるためにオンブズマンを設置し，施設ケアの改善に努めている施設もある。

4節　児童福祉法の相談機関・施設とかかわる人々

1──子ども家庭福祉の相談機関

(1) 市町村

　児童福祉法第10条において，市町村（特別区を含む）は児童福祉にかかわる業務として，児童および妊産婦の福祉に関し，①必要な実情の把握に努めること，②必要な情報提供を行なうこと，③家庭その他からの相談に応じ，必要な調査および指導を行なうことならびにこれらに付随する業務を行なうこと，④前の①～③以外の家庭その他の必要な支援を行なうこととされている。これらの業務のうち，専門的な知識や技術を必要とする場合，医学的・心理学的・社会学的および精神保健上の判定を要する時は，児童相談所の支援を受けることとなっている。

　増加に歯止めのかからない児童虐待への対応強化を目的に，市町村による在宅支援強化を目的とした母子健康包括支援センター，子ども家庭総合支援拠点，要保護児童対策地域協議会の設置が努力義務となっており，切れ目のない在宅支援体制の強化が図られている。また，要保護児童等に対する支援を一元的に把握するための機関として要保護児童対策地域協議会の設置も努力義務となっている。

(2) 児童相談所

　児童福祉法第12条に位置づけられ，都道府県，指定都市および児童相談所設置市に置かれている。2018（平成30）年度で全国に210か所が設置されている。業務内容は①児童に関する家庭その他の相談につき，専門的な知識および技術を要するものに応じること，②児童およびその家庭につき，必要な調査ならびに医学的，心理学的，教育学的，社会学的および精神保健上の判定を行なうこと，③児童およびその保護者につき，前号の調査または判定に基づいて必要な指導を行なうこと，④児童の一時保護を行なうこととされている。④を除いては巡回によって行なうことができる。職員として，所長のほか，児童心理司・児童福祉司，医師および保健師，弁護士が配置されている。深刻化する児童虐待の現状を受けて，児童相談所への役割が高まるなか，設置数の拡大や機能強

化が進められている。また，里親支援等の家庭養護分野の役割もあり，子ども
や子育て家庭を守る最後の砦としての役割が期待されている。

(3)　家庭児童相談室

　1964（昭和39）年から創設されている，福祉事務所の家庭児童福祉に関する
相談業務を強化するために設置された相談機関である。家庭児童福祉主事と家
庭相談員が配置され，児童相談所等との連携において，家庭児童福祉分野の専
門的業務にかかわる部分を担当している。市町村が児童家庭相談の窓口として
位置づけられたことで，その役割を担うところも多い。

(4)　保健所・市町村保健センター

　公衆衛生行政の第一線機関である保健所は，地域保健法に基づく機関であり，
都道府県および保健所指定都市に設置されている。児童家庭福祉に関する業務
として，①児童および妊産婦の保健について正しい知識の普及を図ること，②
児童の健康相談に応じ，健康診査を行ない必要に応じて保健指導を行なうこと，
③身体に障害のある児童および疾病により長期にわたり療育を必要とする児童
の療育について指導を行なうこと，④児童福祉施設に対し，栄養の改善その他
衛生に関し必要な助言を行なうこと，となっている。

　また，市町村に設置することのできる市町村保健センターも地域保健法に位
置づけられた機関であり，住民に対し，健康相談，保健指導および健康診査そ
の他地域保健に関し必要な事業を行なうことを目的としている。児童家庭福祉
に関する業務として，①妊産婦，乳幼児に対する保健指導，②妊産婦，乳幼児
に対する訪問指導，③妊産婦健康診査，④1歳6か月健康診査，3歳児健康診
査などの乳幼児健康診査等を行なっている。

(5)　家庭裁判所

　裁判所法に位置づけられている下級裁判所のひとつであり，家事事件や少年
事件を審理する機関である。職員として，裁判官，裁判所事務官，家庭裁判所
調査官，医務室技官等が配置されている。家庭裁判所が少年保護事件として取
り扱うのは，①14歳以上20歳未満の少年（犯罪少年），②14歳未満であったた
め法律上は犯罪を犯したことにならない少年（触法少年），③20歳未満でその
性格や環境からみて，将来罪を犯すおそれのある少年（虞犯少年）となってい
る。2004（平成16）年の児童福祉法改正により，児童の保護者に対して児童相

談所が行なう指導措置について家庭裁判所が関与する仕組みが導入された。

（6）配偶者暴力相談支援センター

　DV防止法に定められた相談機関である。都道府県に設置されている婦人相談所がこの機能を果たすように定められている。具体的な業務内容として，①被害者からの相談および婦人相談員や相談機関の紹介，②被害者の心身の健康回復のため医学的および心理学的な指導，③被害者の一時保護，④被害者の自立生活に向けた情報提供およびその他の援助，⑤保護命令制度の利用についての情報提供，⑥被害者保護のための施設に関する情報提供がある。

（7）法務少年支援センター

　少年鑑別所法に基づいて，子どもの非行問題等の相談への対応として，少年鑑別所に併設されている相談機関である。子どもや保護者からの相談だけでなく，子どもたちの支援に関わる関係機関等からの相談にも応じている。また，地域に向けた研修会等を行なうことで，子どもへの理解を促す役割も担っている。

2──児童福祉施設

　児童福祉施設は，児童福祉法に基づき子どもやその保護者等に適切な環境を提供し，養育・保護・訓練・育成・自立支援等を行なうことを目的としている。具体的には，児童福祉法第7条で12種類に分類されている。

　児童福祉施設の運営については，「児童福祉施設の設備及び運営に関する基準」に定められており，施設職員の一般要件，児童福祉施設の一般原則，施設内での虐待の禁止，施設長による親権の濫用禁止などの共通原則を定め，個々の施設についての具体的基準が設けられている。また第4条には「最低基準を超えて，常に，その設備及び運営を向上させなければならない」という規定があり，最低基準を遵守することはもちろん，さらに質の高いサービスの提供が求められている。

（1）助産施設

　「保健上必要があるにもかかわらず，経済的理由により，入院助産を受けることができない妊産婦を入所させて，助産を受けさせること」（法36条）を目的としている。第一種および第二種助産施設があり，第一種は医療法に基づく

病院，第二種は医療法の助産所となっている。

(2) 乳児院

　「乳児（保健上，安定した生活環境の確保その他の理由によりとくに必要のある場合には，幼児を含む。）を入院させて，これを養育し，あわせて退院した者について相談その他の援助を行うこと」（法37条）を目的としている。対象は，父母が死亡，行方不明になっている子ども，父母が養育を放棄している子ども，疾病等父母による養育が困難な乳児等である。養育拒否等，家庭の調整等により家庭復帰が可能な子どもに対し，保護者等への育児指導や相談等を行なう家庭支援専門相談員（ファミリーソーシャルワーカー）の配置，保護者等に対して心理療法が必要と児童相談所長が認めた乳児が10人以上入所している施設について，心理療法担当職員を配置することで，被虐待児の保護者へのケアを行なっている。

(3) 母子生活支援施設

　「配偶者のない女子またはこれに準ずる事情にある女子及びその者の監護すべき児童を入所させて，これらの者を保護するとともに，これらの者の自立の促進のためにその生活を支援し，あわせて退所した者について相談その他の援助を行うこと」（法38条）を目的としている。母子家庭の生活自立をめざし，生活指導が行なわれている。配偶者からの暴力を受けた等により個別支援が必要とされる母子に支援を行なうために個別対応職員を置かなければならない。

(4) 保育所および幼保連携型認定こども園

　就学前の乳幼児を保育する施設として，児童福祉法には保育所および幼保連携型認定こども園が位置づけられている。保育所は，「保育を必要とする乳児・幼児を日々保護者の下から通わせて保育を行うこと」（法39条）を目的としている。幼保連携型認定こども園は，「義務教育等を培うものとしての満3歳以上の幼児に対する教育及び保育を必要とする乳児・幼児に対する保育を一体的に行い，これらの乳児又は幼児の健やかな成長が図られるよう適当な環境を与えて，その心身の発達を助長すること」（法39条の2）を目的としている。幼保連携型認定こども園は，教育と保育を一体的に提供することができる施設として期待されている。

（5）児童厚生施設

　児童遊園，児童館等子どもに「健全な遊びを与えて，その健康を増進し，又は情操をゆたかにすること」（法40条）を目的としている。児童福祉施設の設置及び運営に関する基準によって，屋外型の児童遊園と屋内型を主とする児童館に分類されている。子どもが安心して遊べる場が消失している今日，子どもの遊ぶ場を提供している児童厚生施設の役割は大きい。近年では，乳幼児期の親子を対象としたプログラムを展開する児童館も増えつつあり，子育て支援機能も充実しつつある。

（6）児童養護施設

　「保護者のない児童（乳児を除く。ただし，安定した生活環境の確保その他の理由によりとくに必要のある場合には乳児を含む。），虐待されている児童その他環境上養護を要する児童を入所させて，これを養護し，あわせて退所した者に対する相談その他の自立のための援助を行うこと」（法41条）を目的としている。対象は，父母が死亡，行方不明になっている子ども，父母等から虐待を受けている子ども，父母が養育を放棄している子ども等となっている。近年，児童虐待等を理由とした入所が増加しており，職員配置や施設形態のあり方等見直しが進められている。乳児院と同様，心理療法担当職員を配置して，被虐待児のこころのケアを行なっている。2000（平成12）年度より，住宅地等地域社会に小規模の施設をつくり，家庭的な環境で自立支援を行なう地域小規模児童養護施設の取り組みが始められている。

（7）障害児入所施設

　障害児を入所させて，保護，日常生活の指導および独立自活に必要な知識，技能の提供を行なう施設である。福祉サービスを中心とした「福祉型」と，福祉サービスにあわせて治療を行なう「医療型」に分類される。以前は障害種別ごとであった，障害児に対する施設を複数の障害に対応できるよう，2012（平成24）年度より一本化されている。ただし，これまで同様，障害の特性に応じたサービス提供も認められている。

（8）児童発達支援センター

　障害児を日々保護者のもとから通わせて，日常生活における基本的動作の指導，独立自活に必要な知識技能の提供，集団生活への適応のための訓練の提供

（「児童発達支援」と定義）を行なう施設である。障害児入所施設と同様，「福祉型」と「医療型」に分類される。「福祉型」では，「児童発達支援」に加えて，授業の終了後または休業日に通所により生活能力の向上のために必要な訓練，社会との交流の促進等を行なう「放課後等デイサービス」，保育所など児童が集団生活を営む施設等に通う障害児に対して，その施設を訪問し，障害児以外の児童との集団生活への適応のための専門的な支援を行なう「保育所等訪問支援」が事業として行なわれている。

(9) 児童心理治療施設

「家庭環境，学校における交友関係その他の環境上の理由により社会生活への適応が困難となった児童を，短期間，入所させ，又は保護者の下から通わせて，社会生活に適応するために必要な心理に関する治療及び生活指導を主として行い，あわせて退所した者について相談その他の援助を行うこと」（法第43条の2）を目的とする施設である。心理療法を行なう職員が配置されており，虐待を受けた子ども，保護者等家族全体を対象とした心理療法である家族療法を行なっている。

(10) 児童自立支援施設

「不良行為をなし，又はなすおそれのある児童及び家庭環境その他の環境上の理由により生活指導等を要する児童を入所させ，又は保護者の下から通わせて，個々の児童の状況に応じて必要な指導を行い，その自立を支援し，あわせて退所した者について相談その他の援助を行うこと」（法44条）を目的としている。1997（平成9）年の児童福祉法改正以前は「教護院」といわれていた。法改正時に施設名が変更され，自立支援を目的とした施設とされた。

(11) 児童家庭支援センター

「地域の児童の福祉に関する各般の問題につき，児童に関する家庭その他からの相談のうち，専門的な知識および技術を必要とするものに応じ，必要な助言を行うとともに，市町村の求めに応じ，技術的助言その他必要な援助を行うほか，児童福祉法第26条第1項および第27条第1項第2項の規定による指導を行い，あわせて児童相談所，児童福祉施設等との連絡調整その他厚生労働省令の定める援助を総合的に行うこと」（法44条の2）を目的としている。

3——子ども家庭福祉に関する事業

児童福祉法には，子どもの育ちや子育て支援を行うことを目的とした事業が示されている。これらは，子ども家庭福祉を取り巻く環境の変化にともない，新たなニーズに対応するかたちで制定されている。

(1) 児童自立生活援助事業

義務教育を修了した20歳未満の児童であって，児童養護施設等を退所した等が共同生活を営む住居（自立援助ホーム）において，相談その他の日常生活上の援助，生活指導，就業の支援を行なう事業である。家庭的な雰囲気のなかで，共同生活を営みながら，自立生活を可能とするための知識や生活経験を体得する場となっている。

(2) 放課後児童健全育成事業

小学校に就学している児童であって，その保護者が労働等により昼間家庭にいない者に，政令で定める基準に従い，授業の終了後に児童厚生施設等の施設を利用して適切な遊びおよび生活の場を与えて，その健全な育成を図る事業である。共働きの家庭が増えるなかで，そのニーズも高まっている。学童期の子どもが育つ環境を守るため，2015（平成27）年度からその設備および運営に関する基準を条例で定められることとなった。

(3) 子育て短期支援事業

保護者の疾病その他の理由により家庭で養育を受けることが一時的に困難になった児童を児童養護施設等の施設に入所させ，必要な保護を行なう事業である。短期入所生活援助（ショートステイ）事業と夜間養護等（トワイライトステイ）事業がある。短期入所生活援助事業では，保護者が疾病・疲労など身体上・精神上・環境上の理由により児童の養育が困難になった場合，原則として7日以内利用することができる。夜間養護等事業は，保護者が仕事その他の理由により，平日の夜間または休日に不在になり，児童の養育が困難になった場合等に児童を預かる事業である。保護者の就労形態の多様化や育児ストレスの増加等により，保護者が一時的に児童の養育が困難になるケースは増えているため，サービスの量的拡大が期待される。

(4) 乳児家庭全戸訪問事業（こんにちは赤ちゃん事業）

　市町村におけるすべての乳児がいる家庭を訪問し，子育てに関する情報の提供ならびに乳児およびその保護者の心身の状況および養育環境の把握を行なうほか，養育についての相談に応じ，助言その他の援助を行なう事業である。生後4か月までの乳児がいる家庭をすべて訪問する。訪問スタッフは，母子保健推進員，児童委員，子育て経験者など幅広く活用されている。

(5) 養育支援訪問事業

　保護者の養育を支援することがとくに必要と認められる児童（要支援児童）やその保護者，または出産前から支援を行なうことがとくに必要と認められる妊婦（特定妊婦）に対し，その養育が適切に行なわれるよう，要支援児童等の居宅において，養育に関する相談，指導，助言その他必要な支援を行なう事業である。家庭内での育児に関する具体的な援助として，家事援助や育児支援，栄養指導，若年の養育者に対する育児相談・指導，児童が児童養護施設等を退所後にアフターケアを必要とする家庭等に対する養育相談・支援等を行なう。

(6) 地域子育て支援拠点事業

　乳幼児およびその保護者が相互の交流を行なう場所を開設し，子育てについての相談，情報提供，助言その他の援助を行なう事業である。事業内容としては，①交流の場の提供・交流促進，②子育てに関する相談・援助，③地域の子育て関連情報提供，④子育て・子育て支援に関する講習等となっている。乳幼児を養育する保護者にとって，親子で訪れることができ，子育てに理解のあるスタッフがいる本事業は子育て不安等の軽減に大きな機能を果たしている。

(7) 一時預かり事業

　家庭において保育を受けることが一時的に困難となった乳幼児について，主として昼間において，保育所その他の場所で一時的に預かり，必要な保護を行なう事業である。一時的に困難となる理由については問われず，求職活動から冠婚葬祭等での緊急的な預かり，保護者のリフレッシュ等での利用も可となっている。

(8) 小規模住居型児童養育事業

　保護者のいない児童または保護者に監護させることが不適当であると認められる児童の養育に関し相当の経験を有する者等の住居において養育を行なう事

業である。この事業を実施する住居をファミリーホームと称し，以前から自治体で実施されていた事業を児童福祉法（第6条の3第8項）により法定化したものである。家庭養護の一端を担う事業となっている。

（9）家庭的保育事業

保育を必要とする乳児・幼児に対して，家庭的保育者の居宅その他の場所において，家庭的保育者による保育を行なう事業である。待機児童対策や人口減少地域における事業として期待されると同時に，多様な保育ニーズに対応できる事業としても期待されている。

4——子ども家庭福祉にかかわる人々

子ども家庭福祉にかかわる人々として，①子ども家庭福祉を専門として相談機関にかかわる人々，②子ども家庭福祉を専門として施設にかかわる人々，③子ども家庭福祉以外の専門職の人々，④専門職ではない人々を取り上げる。それぞれに果たす役割があり，今日の子どもや家庭が抱える問題に対し，協働で問題解決に取り組んでいくことが求められている。

（1）相談機関にかかわる人々

①児童福祉司

児童相談所で中核的な役割を果たす専門職であり，担当区域は，人口おおむね3万までを標準として定めるものとされている（児童福祉法施行令第2条）。職務としては，担当区域において「児童の保護その他児童の福祉に関する事項について，相談に応じ，専門的技術に基づいて必要な指導を行う等児童の福祉増進に努める」（児童福祉法第13条第3項）こととしている。

任用資格としては，児童福祉法第11条第1項に定められる次の6つのタイプがあげられる。①厚生労働大臣の指定する児童福祉司または児童福祉施設の職員を養成する学校その他の施設を卒業し，または厚生労働大臣の指定する講習会の課程を修了した者，②学校教育法に基づく大学または旧学校令に基づく大学において，心理学，教育学もしくは社会学を専修する学科，またはそれに相当する課程を修めて卒業した者であって，厚生労働省で定める施設で1年以上児童その他の者の福祉に関する相談に応じ，助言，指導その他の援助を行なう業務に従事した者，③医師，④社会福祉士，⑤社会福祉主事として，2年以上

児童福祉事業に従事した者，⑥前各号に準ずる者であって，児童福祉司として必要な学識経験を有するもの，となっている。

　児童虐待に関して，その一線に立つ専門職であり，子どもとその家庭に対するケアを行なうため，必要な援助技術をもち合わせている人材が求められている。しかしながら，社会福祉専門職として採用されている児童福祉司は約半数であり，研修等による資質向上が行なわれている。

②社会福祉主事

　都道府県，市および福祉事務所を設置する町村に配置されており，子ども家庭福祉に関する業務としては，助産施設および母子生活支援施設への利用援助や児童相談所との連携に基づく指導などがあげられる。また，市町村におかれている社会福祉主事は，障害児関係の在宅福祉サービスや保育所入所などを実質的に担当する者も多い。

　任用資格としては，満20歳以上の者であり，①大学等において厚生労働大臣の指定する社会福祉に関する科目を修めて卒業した者，②厚生労働大臣の指定する養成機関または講習会の課程を修了した者，③厚生労働大臣の指定する社会福祉事業従事者試験に合格した者である。社会福祉主事は，任用資格，資格要件ともに緩やかであり，任用資格の①に準じる社会福祉に関する科目についても，必ずしも社会福祉の専門科目でなかったため，専門職として位置づけられていなかった。このような社会福祉主事のあり方が検討され，社会福祉専門職の基礎資格として機能するために，養成機関における指定科目の編成が2001（平成13）年より適用されることとなった。

③母子・父子自立支援員

　母子及び父子並びに寡婦福祉法に規定されており，都道府県知事および福祉事務所のある市町村の長による委嘱で，福祉事務所に配置している。おもな業務としては母子家庭および寡婦に対し，①相談に応じ，その自立に必要な情報提供および指導を行なうこと，②職業能力の向上および求職活動に関する支援を行なうこと，となっている。非常勤が原則であるが，常勤で設置することを妨げるものではない。非常勤については明確な任用規定はないが，常勤相談員の任用資格は，①大学の卒業者，②大学2年（短大を除く）修了者，③高校を卒業し，3年以上社会福祉事業に従事した者等とされている。

④家庭相談員

　福祉事務所に設置されている家庭児童相談室に配置されている専門職員であり，家庭における子どもへの福祉に関し，専門的技術を必要とする相談指導業務を行なっている。各家庭児童相談室に1〜2名が配置されている。原則として都道府県または市町村の非常勤職員であることが多いが，常勤で配属している自治体も多い。任用資格としては，大学で児童福祉・社会福祉・児童学・心理学・教育学などを専修した者，医師，社会福祉主事として2年以上児童福祉事業に従事した者，これらに準じる学識経験を有する者などである。元教員や子ども家庭福祉に関する行政経験者が多く任用され，それぞれの専門性を活かした相談業務を行なっている。

⑤婦人相談員

　売春防止法に規定されている。都道府県知事または市長が任命する。都道府県は，義務設置であり，原則として婦人相談所に配属，必要に応じて福祉事務所に駐在している。市は任意設置である。業務は要保護女子の発見，相談，必要な指導等である。

(2) 施設にかかわる人々

①保育士

　保育所，乳児院，児童養護施設などの児童福祉施設において18歳未満の児童の保育に従事する職員の総称であって，男女問わずに用いられる。資格は，厚生労働大臣が指定する養成校を卒業した者または保育士試験に合格した者に与えられる。資格取得後，保育士登録簿に登録することによって，保育士として働くことができる。児童福祉法には，信用失墜行為の禁止（18条の21），秘密保持の原則（18条の22）が定められており，これに違反すると登録の取り消しや一定期間の保育士名称使用禁止となる（18条の19）。

②児童指導員

　児童福祉施設のほとんどに配置されている，児童の指導にあたる職員をいう。児童の生活指導や処遇計画の作成など，生活全般におけるケアの中心的な役割と，親子関係の調整といった相談業務を果たしている。資格要件としては，①厚生労働大臣の指定する児童指導員を養成する学校等を卒業した者，②大学で，心理学，教育学または社会学を修めて卒業した者，③高校等を卒業し，児童福

祉事業に２年以上従事した者，④小学校，中学校，高等学校の教員資格を有する者で，厚生労働大臣または都道府県知事が適当と認めた者等である。現場においては，保育士との連携で子どもたちへの処遇を行なっているが，役割分担は明確ではなく，ほぼ同じ内容の職務を行なっている場合もある。

③児童自立支援専門員・児童生活支援員

　児童自立支援施設において子どもの生活指導を担っているのが児童自立支援専門員であり，子どもの生活支援を担っているのが，児童生活支援員である。児童自立支援専門員の資格要件は，①児童自立支援専門員の養成する学校その他の養成施設を卒業した者，②大学の学部で心理学，教育学，社会学を修め，１年以上児童自立支援事業に従事した者，③高校等を卒業し，３年以上児童自立支援事業に従事した者，④小学校，中学校，高等学校等の教員資格を有する者で，１年以上児童自立支援事業に従事した者，⑤児童自立支援事業に関し，特別の学識経験を有する者であって，厚生労働大臣又は都道府県知事が適当と認めた者となっている。児童生活支援員の資格要件は，①保育士，②３年以上児童自立支援事業に従事した者であって，厚生労働大臣または都道府県知事が適当と認めた者である。かつては，児童自立支援施設が小舎夫婦制であったため，夫婦での採用が多かったが，現在では個々に採用されることが多い。

④家庭支援専門相談員（ファミリーソーシャルワーカー）

　虐待等の家庭環境上の理由により入所している児童の保護者等に対し，児童相談所との密接な連携のもとに電話，面接等により児童の早期家庭復帰，里親委託等を可能とするための相談援助等の支援を行ない，入所児童の早期退所を促進し，親子関係の再構築等が図られることを目的に設置されている。児童養護施設，乳児院，情緒障害児短期治療施設，児童自立支援施設に配置されている。資格要件として，社会福祉士もしくは精神保健福祉士の資格を有する者，児童養護施設等において児童の養育に5年以上従事した者等となっている。業務内容は，①対象児童の早期家庭復帰のための保護者等に対する相談援助業務，②退所後の児童に対する継続的な相談援助，③里親委託の推進のための業務，④養子縁組推進のための業務，⑤地域の子育て家庭に対する育児不安解消のための相談援助，⑥要保護児童の状況把握や情報交換を行なうための協議会への参画，⑦施設職員への指導・助言およびケース会議への出席，⑧児童相談所等

関係機関との連絡・調整，となっている。

⑤里親支援専門相談員（里親支援ソーシャルワーカー）

児童養護施設および乳児院に地域の里親およびファミリーホームを支援する拠点としての機能をもたせ，児童相談所の里親担当職員，里親委託等推進員，里親会等と連携して，里親委託の推進および里親支援の充実を図ることを目的に設置されている。里親支援を行なう児童養護施設および乳児院に配置されている。資格要件は，社会福祉士もしくは精神保健福祉士の資格を有する者，児童福祉司の資格を有する者，児童養護施設等において児童の養育に5年以上従事した者であって，里親制度への理解およびソーシャルワークの視点を有する者とされている。業務内容は，①里親の新規開拓，②里親候補者の週末里親等の調整，③里親研修，④里親委託の推進，⑤里親家庭への訪問および電話相談，⑥レスパイトケアの調整，⑦里親サロンの運営，⑧里親会への活動の参加勧奨および活動支援，⑨アフターケアとしての相談，がある。

⑥児童の遊びを指導する者（児童厚生員）

児童厚生施設において，児童の遊びを指導することを目的として配置されている。任用資格は，母子支援員の資格を有する者および教諭資格を有する者，大学において心理学・社会学・教育学・芸術学・体育学を専修する学科もしくはこれらに相当する課程を修めて卒業した者であって，児童厚生施設の設置者が適当と認定した者とされている。児童厚生施設における遊びの指導には，子どもの自主性，社会性および創造性を高め，地域における健全育成活動の助長を図るよう行なうことが求められており，児童の遊びを指導する者にはこれらの役割を担うことが期待されている。

⑦母子支援員

母子生活支援施設に配置されており，母子の私生活を尊重しながら家庭生活および稼働の状況に応じ，就労・家庭生活および子どもの養育に関する相談助言など，母子の生活指導を行なっている。資格要件として，厚生労働大臣の指定する児童福祉施設の職員を養成する学校その他の養成施設を卒業した者，保育士の資格を有する者，学校教育法の規定による高等学校などを卒業した者または文部科学大臣がこれと同等以上の資格を有すると認定した者であって，2年以上児童福祉業務に従事した者という規定が定められている。

(3) 放課後児童支援員

　放課後児童クラブの職員は，これまで指導員あるいは放課後児童指導員と呼ばれてきたが，2015（平成27）年度から，国による全国統一の体系的な認定資格研修制度が導入され，公的資格として創設されたものが放課後児童支援員である。放課後児童支援員は，「豊かな人間性と倫理観を備え，常に自己研鑽に励みながら必要な知識および技能をもって育成支援に当たる役割を担うとともに，関係機関と連携して子どもにとって適切な養育環境が得られるよう支援する役割を担う必要がある」（放課後児童クラブ運営指針第1章3 (3)）とされている。放課後児童支援員の資格を取得するためには，放課後児童支援員認定資格研修を修了することが必要であり，2015年度以降，毎年おもに各都道府県で実施され，16科目（24時間）の研修を修了することにより修了証が交付される。

(4) 里親

　児童福祉法第 6 条の 4 に規定される「保護者のない児童または保護者に監護させることが不適当であると認められる児童を養育することを希望するものであって，都道府県知事が適当と認める者」をさしていう。里親には表 3-3 に示す 3 つの種類がある。

　里親等を必要とする要保護児童に対する養育環境として，家庭養護の推進が掲げられていることから，国や自治体レベルで里親に対する多様な施策が実施

表 3-3　里親の種類（厚生労働省子ども家庭局家庭福祉課，2018）

養育里親		養子縁組を希望する里親	親族里親
	専門里親		
要保護児童（保護者のいない児童または保護者に監護させることが不適切であると認められる児童）	次に掲げる要保護児童のうち，都道府県知事がその養育に関しとくに支援が必要と認めたもの①児童虐待等の行為により心身に有害な影響を受けた児童②非行等の問題を有する児童③身体障害，知的障害又は精神障害がある児童	要保護児童（保護者のいない児童または保護者に監護させることが不適切であると認められる児童）	次の要件に該当する要保護児童①当該親族里親に扶養義務のある児童②児童の両親その他当該児童を現に監護する者が死亡，行方不明，拘禁，入院等の状態となったことによりこれらの者により，養育が期待できないこと

されている。同時に里親登録数・委託数の増加だけでなく，里親に関する多様な支援（広報活動から里親養育支援まで）を行なう里親支援の必要性がいわれるようになっている。里親支援機関として，児童相談所が法的に位置づけられているが，NPO 等の活躍もめざましい。

(5) 司法関係の専門職

　少年事件あるいは家事事件にかかわる専門職として，家庭裁判所調査官，法務教官，法務技官，保護観察官などがあげられる。児童虐待問題，非行問題などで協力体制をとることが多く，速やかな連携が求められている。

　家庭裁判所調査官は，家庭裁判所において，家事事件の審判・調停および少年保護事件の審判に必要な調査および面接などを，社会学，心理学，教育学などの専門知識を活用して行なう専門職である。家庭裁判所調査官が行なった調査結果は，審判資料として活用される。

　保護観察官は，更生保護法第31条に定められている。「医学，心理学，教育学，社会学その他の更生保護に関する専門的知識に基づき，保護観察，調査，生活環境の調整，その他犯罪をした者及び非行のある少年の更生保護並びに犯罪の予防に関する事務に従事」している。地方更生保護委員会の事務局や保護観察所に配置されている。犯罪や非行をした児童を社会のなかで更生することを支えるため，専門知識と高い識見が要求されている。

(6) 教育機関の専門職（スクールカウンセラー・スクールソーシャルワーカー）

　子ども家庭福祉と教育・学校は，学齢期以降の子どもの福祉を展開する際，その連携が必要不可欠である。近年，いじめや不登校，ひきこもり，あるいは災害や事件等，子どもが学校生活を送ることが難しくなる状況が生じている。スクールカウンセラーは，そのような子どもたち，保護者，そして教師へのカウンセリング等目的として，配置される心理職である。

　また，子どもの学校生活が保障されない背景に家庭状況があることも課題となりつつある。保護者の経済的状況や不適切な養育などへの介入には，ソーシャルワークが期待される。国は，子どもの貧困対策の観点から，スクールソーシャルワーカーの配置を進めている。

(7) 専門職以外の人々

①児童委員

　児童福祉法第16条に基づき，市町村の区域内に置かれており，民生委員を兼務している。厚生労働大臣の委嘱で任命され，行政の協力機関としての位置づけである。おもな職務は，担当区域の子ども・家庭の実情把握，サービスの情報提供・援助指導，関係機関への要保護児童の連絡などである。地域で子どもや子育て家庭を見守りながら，地域全体の子どもや子育て支援の機運醸成の役割を担う，地域福祉の要となる方々である。

②主任児童委員

　児童福祉法第17条第2項にその職務が規定されている，担当区域をもたず，児童委員のうちから，厚生労働大臣の指名により委嘱される。地域における子どもの福祉課題や健全育成の環境整備を担当する者として1994（平成6）年より設置されている。

③保護司

　犯罪者や非行行為のある少年に対して，保護観察官の処遇計画に基づき，保護観察を実施したり，仮釈放の準備のための環境調査や調整活動を行なう。保護観察官の補助者として活動する。

 研究課題 ───────────────────────

1. 1990年代後半から現在にいたる児童福祉法改正の流れについてまとめてみよう。
2. 2000年以降に制定・改正された法律を順に整理し，子どもや子育て家庭を取り巻く環境・状況について理解しよう。
3. あなたの住んでいる自治体での児童委員・主任児童委員の配置状況と課題について調べてみよう。

推薦図書 ───────────────────────

● 『**国民の福祉と介護の動向**』　各年版　（財）厚生労働統計協会
● 『**保育士という生き方**』　井上さく子　イースト・プレス

Column 3

こども食堂へ行ってみませんか

　こども食堂が全国的に増えています。こども食堂の中間支援組織であるNPO 法人全国こども食堂支援センターむすびえの調査（2019年）*によると，全国で少なくとも3,718か所設置されていることが明らかになりました。みなさんも言葉は聞いたことがあるかと思います。

　こども食堂という名称は，2012年に東京都大田区で「きまぐれ食堂だんだん」を経営する近藤博子さんが最初に使用したと言われています。「子どもだけで」「無償もしくは安価で」食事をとることができる場の提供が，こども食堂のはじまりです。食は生活の基本ではありながら，子どもだけで利用できる食事の場がない，だから作ろうというのが出発点でした。

　こども食堂は，子どもの居場所です。子どもにとって「ここにいていいよ」という場所。見方を変えれば，地域社会にそういう場を必要とするのが，今日の子どもが育つ環境，ともいえます。全国で開設されるようになった当初は，子どもの貧困対策の一環というイメージがありましたが，今日では，多様な子どもたちが食を通じて交わり，地域交流・地域おこしの拠点としての役割を担っています。名称に「こども」がつきますが，その対象は子どもだけではありません。こども食堂という名称ではなく，地域食堂という名称を用いることで，後者の役割を明らかにしているところもあります。

　こども食堂は，子どもやおとな，地域住民が「利用したい」と思ってやってくる場です。同時に，利用する子どもたちだけでなく，こども食堂を運営する人たちも主体的にこの活動を行なっています。双方の思いが交わるところにこども食堂はあります。みなさんも一度こども食堂へ行ってみませんか。

＊NPO 法人全国こども食堂支援センターむすびえ　https://musubie.org/
　あなたの地域にあるこども食堂の情報も掲載されています。

第4章 子ども家庭福祉の実際

　子ども家庭福祉の理念は，実際の施策や事業によって具体化されることになる。ここでは，保育施策，母子保健施策，児童健全育成施策，障害児福祉施策，児童自立支援施策，ひとり親家庭への福祉施策等の最近の動向と課題を整理し，福祉の専門職者としてどのようなかかわり方が必要かを考える。

　また，児童虐待が顕在化し，その動向が注目されるようになってきており，最近の福祉課題の一つとしても重要な位置を占めている。社会福祉学に基づいた実践に携わる者としては，社会環境の変化が子育て家庭の生活に大きな影響を及ぼしていることを理解しておくことがたいせつであり，まず児童虐待にいたるその背景からの理解が不可欠である。そのうえで，福祉の専門職者としての役割と期待について考える。

　また，学校生活環境についても，その動向と，スクールソーシャルサービスの導入といった新しいアプローチを概観する。

保育に関する動向と福祉サービス

1 ── 現代の保育問題

（1）少子化と子育て環境

わが国の婚姻件数は，1972（昭和47）年の109万9,984組を最高に，2018（平成30）年には，58万6,438組まで減少している（厚生労働省，2019b）。

出生数についても，同時期から減少の一途をたどり，少子化が進行している。いわゆる「1.57ショック」以来，少子化には，歯止めがかからず，2005（平成17）年の合計特殊出生率は，1.26で過去最低であった。2018（平成30）年の出生数は，91万8,397人で，合計特殊出生率は，1.42である。ゆるやかに上昇しているようにみえるが，出生数は前年（94万6,065人）より減っている。

また，女性の職場進出が進んでいるにもかかわらず，子育て支援が十分でないため，結果として仕事と子育ての両立が困難であることが，少子化の重要な背景となっていると考えられる。

このように，子育て支援環境が十分でないため，結果として子どもの数が減少している傾向は，働く女性に限ったことではない。子どもをもつ専業主婦も近くに相談相手がいないことなどを理由に育児不安が増大しており，そのため働いていない女性も子育てに対して，心理的・肉体的に大きな負担を感じている。

都市部においては，住宅事情が厳しく，大都市圏では出生率が低い傾向にある。さらに，家計においては，消費支出に占める教育関係費の割合がふえており，教育費等の子育てコストの増大が重要な課題としてあげられる。

（2）働く母親の増加と子育て

経済の発展にともなって，産業構造が変化し，女性の社会進出によって，家族のありようが，変化している。かつて女性は，結婚・出産を機に仕事をやめ，家事・育児に専念する傾向にあった。しかし，「子どもができたら仕事をやめ，大きくなったら再び仕事をもつほうがよい」と考える女性や，「子どもができても仕事を続けるほうがよい」と考える女性も普遍化している。このことから，近年は，仕事や子育てを両立させたいというニーズが高まっており，働きながら，子どもを生み，育てる環境をつくることが，課題となっている。しかしな

がら，そのような環境が整っているとは言い切れず，子どもを育てながら働く
女性の就業形態は，正規雇用のみならず，パート，アルバイト，契約社員，派
遣社員などが多く含まれている。

　わが国の女性労働者の割合は，一般的に「M字型」といわれるが，近年，M
字曲線の底が上昇し，台形に近づいている（図4－1）。15～64歳の女性の労働
人口は，2,660万人（2018年平均）と上昇しており，子育てと育児を両立して
いる女性も増えている。

　「仕事と育児の両立支援に係る総合的研究会報告書」（厚生労働省，2018c）
によると，第一子出生前後で約5割の女性が出産や育児をきっかけに退職して
おり，その4分の1の女性が「仕事を続けたかったが，仕事と育児の両立の難
しさでやめた」と回答し，依然，仕事と生活の両立は困難な状況にある。また，
「女性のライフプランニング支援に関する調査」（内閣府男女共同参画局，
2007）では，「家族の状況として最も必要なこと」として，「配偶者・パート
ナーが平日も家事・育児に協力してくれること（42.7%）」次いで「配偶者・パー
トナーに子どもを育てながら働くことへの理解があること（28.0%）」をあげ
ており，女性の雇用環境と男性の理解，また，男女共の雇用環境の整備が求め

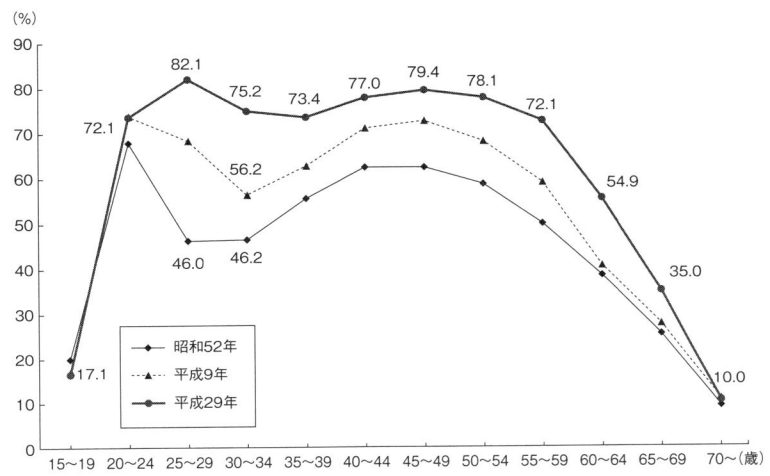

注1）　総務省「労働力調査（基本集計）」より作成。
注2）　労働力率は，「労働力人口（就業者＋完全失業者）」／「15歳以上人口」×100。

図4－1　女性の年齢階級別労働力率の推移（内閣府男女共同参画局，2018）

られている。

　このような観点から，2001（平成13）年度に改正され，2002（平成14）年度から全面施行されている「育児休業，介護休業等育児又は家族介護を行う労働者の福祉に関する法律」（以下，育介法）を円滑に施行するため，集団指導を中心とした計画的，効果的な行政指導を実施したり，トップ企業を中心とした個別指導などの対策がとられた。そのなかで，少子化の流れを変えるための対策をまとめた「少子化対策プラスワン」をふまえつつ，男女労働者がともに育児休業を取得しやすい環境の整備，ならびに子どもの看護のための休暇制度，および子どもの養育を理由とした勤務時間短縮などの措置の導入の促進にも重点がおかれた。「少子化対策プラスワン」のなかでは「男性を含めた働き方の見直し」が大きな柱のひとつとして盛り込まれ，仕事と子育ての両立支援を進めるために男女別の育児休業取得率等についての目的値を設定し，子育て期間中の残業時間の縮減，子どもが生まれたときの父親の最低5日間の休暇取得の推進等が盛り込まれた。

　その後，仕事と家庭の両立支援の面から2003（平成15）年には，次世代育成支援対策推進法，少子化社会対策基本法が成立し，それを受けて，2004（平成16）年には，少子化社会対策大綱が閣議決定され，安心して子どもを産み，育てる環境づくりの効果的な推進のために2004年12月には，「少子化社会対策大綱に基づく重点施策の具体的実施計画について（子ども・子育て応援プラン）」が決定され，2005（平成17）年から実施されている。さらに，2007（平成19）年には，「子どもと家族を応援する日本」重点戦略の策定方針の決定，「仕事と生活の調和（ワーク・ライフ・バランス）憲章」「仕事と生活の調和推進のための行動指針」が決定されるなど，近年，仕事と子育ての両立支援の充実が図られている。

　また，新たな子ども・子育て支援の総合的な対策である「子ども・子育てビジョン」が，2010（平成22）年に策定され，「少子化対策」から「子ども・子育て支援」へと考え方を転換し，次世代育成支援のための包括的，一元的な制度の構築もめざされている。

　2017（平成29）年に改正された育介法では，最長2歳までの育児休業期間の延長や育児休業等制度の個別周知，育児目的休暇が新設され，あわせて男性も

育児に参加しやすいよう，「パパママ育休プラス」の促進や育児目的での休暇を取得しやすくするための配慮がなされている。

　保育の問題は，直接的には保護者の就労環境条件に基づいたニーズである。このため，各種の特別な保育ニーズに対応する施策，事業を展開するとともに，保護者の就労環境の整備が求められる。一方，保護者のニーズだけでなく，家庭養育の補完として，子どもの成長発達にみあった保育内容やケアなど，子どものニーズも十分に満たす必要があり，保護者のニーズと子どものニーズを同時に保障することが求められている。

2──保育施策の現状

(1) 保育所の現状

　保育所は，社会福祉法において，第二種社会福祉事業に位置づけられている。保育所等は，2019（平成31）年4月現在全国に2万8,713か所あり，約270万人の子どもたちが利用している（厚生労働省，2019c）。児童福祉法が施行された1946（昭和21）年3月当時，保育所は1,476か所であり，入所児童数は13万5,503人であったことと比較すると，施設数，児童数とも20倍以上も増加していることがわかる。

　保育所は，児童福祉法第39条に基づき，「日々保護者の下から通わせて保育を行うことを目的とする施設（利用定員が20人以上であるものに限り，幼保連携型認定こども園を除く。）」として設置されている。

　保育所は市町村等が都道府県知事に届け出て，社会福祉法人等は，都道府県知事に認可を得て設置できる（児童福祉法第35条）。認可保育所の設置主体は，市町村や社会福祉法人に限定されていたが，2000（平成12）年度より，民間企業や宗教法人，学校法人など多様な人や法人の参入が認められた。また，利用者がより主体的に保育所を利用できる制度にするため，1998（平成10）年度より施行された児童福祉法改正で入所方式は保護者の自由意思ではなく，市町村の裁量である行政処分としての「措置」から「利用方式」に切り替えられた。これにより，「保育の措置」から「保育の実施」という言葉に改められ，保護者からの申し込みに対して，保育の実施や調整を行なうという形態で保護者の意思に基づく利用形態である。

(2) 保育ニーズの多様化と各種の保育事業

　近年，女性の働き方の変化にともなって，保育ニーズが多様化している。先に述べたとおり，女性の労働は，男性に比べて，正規職員の割合が低く，パート，アルバイト，派遣社員などが多い。また，男女雇用機会均等法などにより，フレキシブルな労働時間で働くものもいる。このような背景から，「保育を必要とする」児童の必要な保育時間にはばらつきがあり，保育ニーズは多様化しているといってよい。これらに対応するため，2000（平成12）年には，特別保育事業実施要綱が策定され，2005（平成17）年には，施策の充実をはかるため，保育対策等促進事業実施要綱に再編された。さらに，安心して子育てができる環境づくりを総合的に推進するため2008（平成20）年に改正された。以下それらに関連した保育事業をあげる。

　なお，保育対策等促進事業とは，一時預かり事業，特定保育等事業，休日・夜間保育事業，病児・病後児保育事業，待機児童解消促進等事業，保育環境改善等事業である。

①乳児保育

　乳児保育については，1969（昭和44）年度より経済的に保育を必要とする家庭の乳児を対象に，「乳児保育特別施策」が実施されていた。しかし，乳児保育の需要が増大し，1989（平成元）年度からは，「乳児保育事業実施要綱」が定められ，保護者の所得による対象制限が撤廃されるとともに，一定の設備等の基準が整備された。また，3人以上の乳児を入所させることができる保育所を乳児保育指定保育所として，当時の児童福祉施設最低基準に定める保育士配置基準のほかに乳児保育に経験を有する保育士を配置した。さらに，保健師または看護師の配置，乳児3人につき保育士1人以上の配置などが条件づけられた。

　1994（平成6）年12月に策定された「緊急保育対策等5か年事業（エンゼルプラン）」において，低年齢児の入所枠の拡大，月齢の小さい乳児の受け入れなど，「低年齢児保育促進事業」が創設され，保育士の配置を充実させるとともに，とくに緊急性の高い待機児童の解消を図ることが目的とされている。また，1995（平成7）年度からは，「産休・育休明け入所予約モデル事業」により，産休・育休明けにともなう年度途中入所に対するサービスとして，乳児保育を実施する保育所の拡充も図られた（2000〔平成12〕年3月まで）。さらに，

2000年度より，特別保育事業における「乳児保育推進事業」において，年度途中入所に対応するため，年度当初より乳児の保育を担当する保育士の配置に補助がなされている。1998（平成10）年の「保育所における乳児に係る保育士の配置基準の見直し等について」で，すべての保育所での乳児保育の実施と乳児保育の一般化が明記されており，その後も乳児保育の推進が図られてきている。保育対策等促進事業実施要綱のなかでは，とくに乳児保育という章はないが，これはすべての乳幼児を対象とした，と解釈できるだろう。

②障がいのある子どもの保育

「保育を必要とする」障害児*¹については，保育所における集団保育，また，日々の保育所への通所が可能なものを対象に1974（昭和49）年度より，必要経費の補助が行なわれている。現在，保育所に受け入れられるのは，障がいが中程度までのものとされている。

1998（平成10）年度から，児童福祉法の改正にともない，保育の実施にあたって，障害児保育を実施する保育所の拡大を図るため，また，障害児の保護者の保育所選択に支障がないようにするために，新たに障害児保育を実施したり，障害児の受け入れをふやす場合，障害児にかかわる遊具や器具の購入，研修費などに補助がなされる「障害児保育対策事業」が行なわれている。

さらに，2000（平成12）年度より，特別保育事業の一環として，軽度障害児を含めて，障害児を4人以上受け入れている保育所の拡充を図るため，「障害児保育円滑化事業」や「障害児保育環境改善事業」により，障害児保育に必要な環境を整え，障がいの状態に応じた保育がめざされている。2003（平成15）年より，保育所における障がいのある子どもの受け入れが全国的に実施されるようになったため，障害児に対する保育士の加配は一般財源化された。

③延長保育・長時間延長保育

保護者の就労形態の多様化や通勤時間の長さにともない，延長保育のニーズが高まっている。このことから，1981（昭和56）年度より，延長保育が制度化され，延長保育を行なっている保育所を対象に補助がなされるようになった。

・延長保育：11時間の開所時間の前後30分以上の延長保育を行なう。また

＊1　児童福祉法第4条第2項では，「身体に障害のある児童，知的障害のある児童，精神に障害のある児童」等を「障害児」と定義している。

は平均対象児童数 5 人以下の延長保育を実施する。

・長時間延長保育：11時間の開所時間の前後 2 時間以上の延長保育を行なう。
特別保育事業として2000（平成12）年より実施されている。保育対策等促
進事業のなかでは，とくにふれられていないが，少子化対策推進大綱の具
体的な実施計画にもその推進と拡大が図られている。

④夜間保育

1981（昭和56）年度から，需要の多い，都市部を中心に夜間保育所がモデ
ル的に設置された。入所定員は，原則として30人，保育時間は，午後 2 時か
ら10時までであるが，前後に時間延長が認められている。1995（平成 7 ）年度
からは一般化された。また，1998（平成10）年度からは，夜間保育所も11時間
開所できるようになり，午前11時から午後10時までとなった。さらに，2000
（平成12）年度より，入所定員は20名以上となった。保育対策等促進事業のな
かでは，休日・夜間保育事業の「夜間保育推進事業」として行なわれている。

⑤一時保育事業

一時保育事業は，女性の就労形態の多様化等にともなう断続的な保育ニーズ
や疾病・入院等による緊急時の保育に対応するため，1990（平成 2 ）年度に
創設された。また，1996（平成 8 ）年度より，私的理由によるサービスが追
加された。なお，1998（平成10）年度より，利用しやすさという観点から自
主事業に位置づけられ，延長保育等基盤整備事業の一環となり，2000（平成
12）年度からは一時保育事業促進基盤事業として，以下の形で特別保育事業の
なかで行なわれていた。

1)非定型的保育サービス事業：保護者がパートタイム労働等で週 3 日程度の
　保育を必要とする児童に対するサービス

2)緊急保育サービス事業：保護者の疾病や入院等により，緊急・一時的に保
　育を必要とする児童に対するサービス

3)私的理由によるサービス：保護者の育児にともなう心理的・肉体的負担を
　解消するためのサービス

保育対策等促進事業では，それを引き継ぎ，一時・特定保育等事業のなかで，
以下のように行なわれている。

1)一時保育推進事業：保護者の疾病や入院等により，緊急・一時的に保育を

必要とする児童に対するサービス

　2）特定保育事業：保護者が，一定程度の労働時間により，保育を必要とする
　　児童に対するサービス

　3）在宅子育て家庭一時預かりパイロット事業：利便性の高いまたは，需要の
　　高い場所で，必要な時間，一時的に預かりを行なう事業

　なお，一時保育事業は，一時預かり事業（保育所等で児童を一時的に預かる
事業）と特定保育事業（働き方に応じた保育の実施をする事業）に分けられ，
2008（平成20）年の児童福祉法改正により，一時預かり事業は，児童福祉法上
の事業として新たに位置づけられ，2009（平成21）年より施行されている。

(3) 認定こども園

　認定こども園の制度は，「就学前の子どもに関する教育，保育等の総合的な
提供の推進に関する法律」に基づき，2006（平成18）年10月より設けられた制
度である。認定こども園は，以下の2つの機能を備えた施設であり，就学前の
教育と保育を一貫して提供する新たな枠組みである。すなわち，就学前の子ど
もに幼児教育・保育を提供する機能（幼稚園と保育所の機能）と，地域におけ
る子育て支援を行なう機能（地域の子育ての相談や場所の提供などの機能）で
ある。

　地域の実情により，①幼保連携型（認可幼稚園と認可保育所の連携タイプ），
②幼稚園型（認可幼稚園を基本として保育時間を確保するタイプ），③保育所
型（認可保育所を基本として幼稚園的な機能を兼ね備えるタイプ），④地域裁
量型（幼稚園・保育所の認可のない施設が認定こども園としての機能を果たす
タイプ）の4つのタイプに分けられている。認定こども園は2007（平成19）年
8月1日現在，認定数は105件であり，文部科学省，厚生労働省が連携して普
及と推進を図っている。

　認定こども園は，職員配置，職員資格，教育・保育の内容，子育て支援など
の「国の指針」に従って，認定を受け，各都道府県が条例で定めることになっ
ている。利用については，幼保連携型，保育所型は，市町村が保育に欠ける子
どもの認定をするものの，利用希望者と園との直接的な申し込みと契約となる
（図4−2）。

　なお，2012（平成24）年の子ども・子育て関連3法[*2]により，これまでの認定

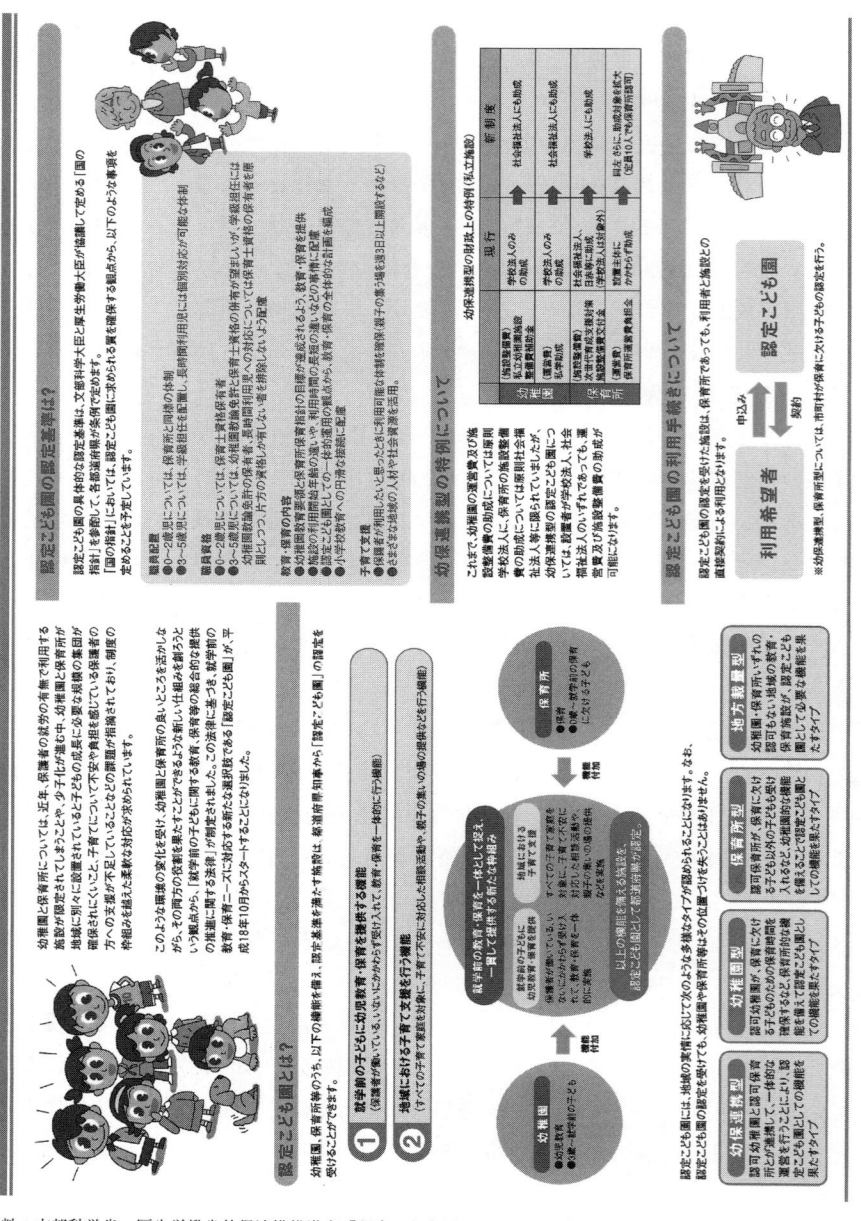

資料：文部科学省・厚生労働省幼保連携推進室「認定こども園パンフレット」，2006

図4-2　「認定こども園」パンフレット

こども園の仕組み，すなわち，幼保連携型，幼稚園型，保育所型，地方裁量型の4類型を基本的に維持しながら，このうち幼保連携型のみを「学校及び児童福祉施設として法的位置づけ」をもつ単一の施設として位置づけなおすことになった。これによって，新たな幼保連携型認定こども園は，幼稚園と同様に小学校就学前の学校教育を行なう学校であることが明確にされ，小学校教育との連携が必要であることについても明確にされた。ただし，保育を必要とする子どもについては，保護者の就労時間等に応じて保育を提供するなど，児童福祉の仕組みも含まれる。

(4)「子育て支援員」研修制度

2015（平成27）年より，多様な保育ニーズや社会的養護に関わる人材育成のために全国共通の子育て支援員研修制度が創設された。この制度は，子ども・子育て支援法に基づく給付または事業として実施される小規模保育，家庭的保育，ファミリー・サポート・センターなどで，従事することが可能な知識や技能等を修得し，子育て支援の担い手となる子育て支援員の資質を一定以上担保することを目的としている。

対象者は，育児経験や職業経験などを有し，地域において子育て支援の仕事に関心をもち，子育て支援分野に従事することを希望する者や現に従事している者で，都道府県または市町村により実施される基本研修および専門研修で定められた4コース全科目を修了することで「子育て支援員研修修了証書」の交付を受けることができる。

4つある専門研修は，「地域保育コース」「地域子育て支援コース」「放課後児童コース」「社会的養護コース」であり，「地域保育コース」については，「地域型保育」「一時預かり事業」「ファミリー・サポート・センター」に分類されている。また，「地域子育て支援コース」については，「利用者支援事業（基本型）」「利用者支援事業（特定型）」「地域子育て支援拠点事業」に分類されている。

子育て支援のニーズが高まり，さまざまな子育て支援の制度ができるなかで，

---

* 2　①子ども・子育て支援法，②就学前の子どもに関する教育，保育等の総合的な提供の推進に関する法律の一部を改正する法律（認定こども園法の一部を改正する法律），③子ども・子育て支援法及び就学前の子どもに関する教育，保育の総合的な提供の推進に関する法律の一部を改正する法律の施行に伴う関係法律の整備等に関する法律，の3つをいう。

子育て支援の担い手として，一定の知識や子どもや福祉に対する理念，技術，倫理などを兼ね備えた質の高い人材を育成することが期待されている。

3——保育行政の課題

保育行政の課題は3点に集約できる。

①「保育を必要とする」児童の成長発達保障

②保護者の就労支援の強化

③地域の子育て支援

近年，保育所等の施設数，利用児童数ともに増加傾向にある。少子化対策に関連した各種法律等により，各種保育サービスの充実が図られ，また，定員の弾力化，設置主体制限等の緩和，保育所の分園方式の導入，公設民営方式の推進，待機児童の多い地域における設置基準の弾力化などの規制緩和により，保育所の受け入れ枠は拡大され，利用しやすくなっているものの，質的に十分とはいえない。また，量的に満たされているといっても，都市部を中心に，主として低年齢児の待機児童が今なお多く発生しており，この解消策の推進が喫緊の保育行政の課題となっている。このような動きにより，公的責任が後退したり，極端な競争原理がはたらき，結果的に保育の質の低下を招かないようにする配慮も必要である。

また，このほか送迎保育ステーションや駅前保育サービス提供施設の整備，認可外保育施設の認可化，家庭的保育事業（保育ママ・家庭福祉員・家庭保育室）の促進，幼稚園の預かり保育の推進など，さまざまな方策により，待機児童の解消に向けた取り組みが展開され法整備もなされている。待機児童の解消は急がれるべき課題である一方，子どもの生活の安定および，健全な発達の保障については十分な配慮がなされなければならない。

また，国民のライフスタイルの変化にともない，多様な保育サービスが求められてきており，夜間保育や休日保育，病児・病後児保育など，特別保育事業の推進や乳児保育・子育て支援等の多様なニーズに対応できる多機能保育所の整備が課題になっている。さらに，少子化が進行するなかで「保育を必要とする」とはいえないが，子育てに悩む家庭に対する支援ニーズが増大していることから，地域子育て支援拠点事業の整備およびその内容の充実，あるいは安心

して預けられる一時的な保育サービスやファミリー・サポート・センター事業の普及推進も課題といえるだろう。

一方で，保護者の包括的な就労支援として，ワーク・ライフ・バランス憲章，行動指針の策定などの働き方と生活の調和を見直し，官民，また国民全体を巻き込んだ「家庭で過ごす時間の確保」や「地域で過ごす時間」の実現により，少子化の流れを変える取り組みがなされている。

最近の動向としては，認定こども園制度の創設があげられる。幼保一元化については，従来からさまざまな論議がなされてきたが，幼稚園・保育所の管轄省庁が異なることから実現が困難だとされてきた。認定こども園制度がどのように推移するかは未知数であるが，保育所・幼稚園，それぞれの蓄積されたノウハウが十分に活用されることで，従来の保育所や幼稚園の基準や機能が低下しないような運営が期待される。

4 ── 母子保健施策とその課題

わが国の母子保健施策は，当初，児童福祉法の範囲で考えられていた。従来母子保健施策は，栄養不足にともなう発育不良により，免疫力が低下した母子の感染症をいかに予防・治療するかということが，課題とされていたが，1965（昭和40）年に母子保健の充実をめざして，母子保健法が公布され，総合的な母子保健対策として推進されることとなった。母子保健施策が総合的・体系的に推進されてきた結果，妊産婦や新生児の死亡率は，激減するなど，めざましい成果をあげてきた。

母子保健の目的は，母性と子どもの健康の維持・増進を図ることであり，子どもが健康に生まれ，育てられる基盤となる母性の尊重とともに，保護し，子ども自身が生まれながらにして本来もっている発育・発達する能力を支援するということである。また，母子保健は母親や子ども一人ひとりの健康のみでなく，その集団の健康を維持・増進させることも目標としている。具体的な施策として，①保健指導，②健康診断，③医療施策等がある。

現在，都市化・核家族化の進展等にともない，母親が孤立するなど，家庭・地域における養育機能は低下しつつあり，児童虐待や育児ノイローゼなどの課題が深刻化している。このため，児童虐待や育児ノイローゼを予防するための

母子保健サイドからの積極的な支援活動が求められている。

　また，10代の妊娠・出産がふえつつあり，これに対する母子双方への支援体制の整備，妊娠・出産のみならず生涯を通じた女性の健康支援，増加しつつある子どもの生活習慣病対策，ハイリスクの妊産婦や新生児に適切な医療が提供できるための周産期医療ネットワークの整備など新たな課題も多い。

　1999（平成11）年に制定された新エンゼルプランには，これら新たな課題に対応するため，周産期医療ネットワークの整備や「生涯を通じた女性の健康支援事業」の一環としての不妊専門相談センター事業の整備等が重点的に整備すべき項目として位置づけられた。近年では，周産期医療の中核となる総合周産期母子医療センターの整備や周産期医療ネットワーク事業の実施などの周産期医療の充実が推進されている。

　2000（平成12）年11月に，母子保健における国民運動計画「健やか親子21」が策定され，21世紀の母子保健の方向性が提示された。①思春期の保健対策の強化と健康教育の推進，②妊娠・出産に関する安全性と快適さの確保と不妊への支援，③小児保健医療水準を維持・向上するための環境整備，④子どもの心の安らかな発達の促進と育児不安の軽減，の4つを主要な課題とし，それぞれ具体的な方向性が示されている。2005（平成17）年度には，過去5年間の成果をふまえ，今後重点的に取り組む方向性が，「健やか親子21」推進検討会の中間報告で示された。

　さらには，2004（平成16）年12月に策定された「子ども・子育て応援プラン」では，「健やか親子21」の趣旨をふまえた施策内容と目標が掲げられた。

　女性の職場進出が進んだことから，妊娠中または出産後も働き続ける女性が増加するとともに，少子化がいっそう進行していることから，職場において女性が母性を尊重され，働きながら安心して子どもを生み，育てることができる環境や条件を整備するため，労働基準法の母性保護規定（産前産後休業，妊産婦等にかかわる危険有害業務の就業制限等）の遵守の徹底とともに，男女雇用機会均等法に基づく母性健康管理の措置について指導が行なわれている。とくに事業主が通勤緩和等母性健康管理の措置を適切に講じるためには，医師の指導事項が事業主に明確に伝わることが重要であることから，「母性健康管理指導事項連絡カード」の利用を呼びかけており，2002（平成14）年度からは，同

カードの様式を記載した母子健康手帳の交付もされている。また，近年，妊婦検診支援の充実，母子健康手帳とあわせてマタニティーマークの配布がなされるなど，公費負担の拡充と妊産婦の支援や配慮が効果的に図られる取り組みもなされている。その他，ヒト受精胚の作成・利用に関する指針作成や2004（平成16）年度から次世代育成支援の一環としての不妊治療に対する費用の一部助成，児童虐待や発達障害をはじめとする子どもの心の健康支援など，母子保健施策の充実が行なわれている。

このように母子保健は医療・福祉また労働・雇用といったさまざまな方面からの支援として期待されている。

 2節 子どもの健全育成に関する動向と福祉サービス

1——子どもの健全育成とは

児童福祉法では，第1条で児童の福祉を保障するための原理を述べている。これを実践するために国民は児童の健やかな成長を目的として可能な限り環境整備を行なわなければならない。児童福祉法では，このようにすべての児童に対する施策事業を行なうことを理念として掲げながらも実際には福祉的ニーズをもつ層を中心とした施策事業が展開されている。そのなかで，広く一般家庭における児童を対象とした児童家庭福祉施策としては，児童厚生施設があり，狭義の健全育成施策として地域における子どものあそびづくりや家庭・社会生活を豊かにし，親と子がふれ合うことのできる場として機能している。子どもをめぐる地域環境の変化はめざましく，すべての子どもになんらかの支援が必要となっている。

2——子どもの健全育成と児童館の役割

児童厚生施設は児童福祉施設のひとつであって児童福祉法第40条に規定されている施設である。屋内でのあそびを基本とする児童館，屋外でのあそびを基本とする児童遊園の2種類があり，「児童に健全な遊びを与えて，その健康を増進し，又は情操をゆたかにすること」（児童福祉法40条）を目的としている。

　児童厚生施設は，児童家庭福祉のための地域組織活動の拠点として機能しており，「児童の遊びを指導する者」が職員として福祉サービス提供を行なう。

　児童館には，小型児童館（小地域を対象としたもの），児童センター（小型児童館の機能に加えて運動を中心としたあそびをとおして体力の増進を図る），大型児童館がある。児童厚生施設は地域組織活動を推進し，支援する機能を有しており，小型児童館を中心として，母親クラブ等の地域組織の活動場所としても利用されている。地域社会との連携を密にし，地域のすべての子どもを対象とした開かれた地域資源として活動していくことが求められている。

　また，近年では子どもの利用が少ない午前中に乳幼児クラブなどの母親支援を中心とした子育て支援が行なわれ，子育てサークルや子育て支援NPOの活動も増加しており，家庭での子育てを行なう親子の居場所，相談場所としても機能している例が多くみられている。さらに，放課後児童健全育成事業（放課後児童クラブ）の約2割弱は児童館・児童センター・公共施設で実施されている（表4−1）。1990年代に入り，児童館を活用した「保育所併設型民間児童館事業」や「コミュニティー児童館の整備」などさまざまな子育て支援が実施されている。児童遊園には都市公園法に基づきいわゆる街区公園と相互に補完的

表4−1　学童保育の実施場所別クラブ数の状況（厚生労働省，2018a）　　　（か所）

実施場所	平成30年	平成29年	増減
小学校	13,588 (53.6%)	13,271 (54.0%)	317
学校の余裕教室	7,362 (29.1%)	7,231 (29.4%)	131
学校敷地内専用施設	6,226 (24.6%)	6,040 (24.6%)	186
児童館・児童センター	2,564 (10.1%)	2,617 (10.6%)	▲53
公的施設利用	1,632 (6.4%)	1,631 (6.6%)	1
民家・アパート	1,451 (5.7%)	1,374 (5.6%)	77
保育所	834 (3.3%)	859 (3.5%)	▲25
公有地専用施設	1,834 (7.2%)	1,747 (7.1%)	87
民有地専用施設	1,483 (5.9%)	1,370 (5.6%)	113
幼稚園	292 (1.2%)	324 (1.3%)	▲32
団地集会室	114 (0.5%)	106 (0.4%)	8
商店街空き店舗	601 (2.4%)	483 (2.0%)	118
認定こども園	408 (1.6%)	326 (1.3%)	82
その他	527 (2.1%)	465 (1.9%)	62
計	25,328 (100.0%)	24,573 (100.0%)	755

注）（　）内は全クラブ数（30年：25,328，29年：24,573）に対する割合である。

役割を有するものとして，主として幼児および小学校低学年児童を対象としている。標準的規模は，330m²以上で広場，ブランコ等の遊具設備および便所，水飲み場の設置が規定されている。

　児童厚生施設は，子どもどうしや親子，または親どうしの地域組織活動の拠点としてさらなる機能充実が期待されている。

3──新・放課後子ども総合プラン

　2007（平成19）年，文部科学省と厚生労働省が，連携・協力して「放課後子どもプラン」が創設された。このプランは，文部科学省が推進しているすべての子ども（小学生を主とする）を対象に地域の参画を得て，学習や体験活動，交流活動等に取り組む「放課後子ども教室推進事業」と厚生労働省所管の「放課後児童健全育成事業」（前述）の両方を一体的あるいは連携した総合的な放課後児童対策である。

　「平成20年版少子化社会白書」では「放課後子どもプラン」の背景は，①放課後等に異年齢の子ども同士で遊んだり，交流したりする機会が少なくなってきたこと，②子どもを巻き込む犯罪や事件の増加により，子どもが安心して過ごせる場所の確保が困難になってきたこと，③就労や社会参加を希望する女性が増加する中，子育てと仕事の両立を支援する環境づくりをより一層進める必要があること，とされている（内閣府，2008b）。放課後子どもプランは，原則としてすべての小学校区での実施をめざしたものであった。

　「放課後子どもプラン」はその後，新たに「放課後子ども総合プラン」として改めて通知された。放課後子ども総合プランは，2014（平成26）年7月31日に，厚生労働省と文部科学省の両省から地方自治体に向けて通知されたものである（局長通知「放課後子ども総合プラン」について）。

　すべての子どもが放課後等を安全・安心に過ごし，多様な体験や活動を行うことができるように，厚生労働省と文部科学省が協力し，厚生労働省による放課後児童クラブ（小学校に就学している子どもであって，その保護者が労働等により昼間家庭にいないものを対象とする事業）と，文部科学省による放課後子供教室（地域住民等の参画を得て，放課後等にすべての子どもを対象とする事業）の両事業を一体的にまたは連携して計画的な整備をすすめることになっ

ている。

　2018（平成30）年には近年の女性の就業率の上昇を見据えて，さらなるニーズの増加が見込まれることや「小１の壁」を打破する目的で，「新・放課後子ども総合プラン」が発表された。これにより，放課後児童クラブの受け皿の整備や学校施設の活用がめざされている。なお，放課後子ども総合プラン，新・放課後子ども総合プランでは「子ども」と表記するが，放課後子供教室では「子供」と表記することになっているので注意が必要である。

4——放課後児童健全育成事業の現状と課題

(1) 放課後児童健全育成事業の実際

　放課後児童健全育成事業とは，保護者が昼間家庭にいない小学校に就学している児童に対し，授業の終了後に児童館等の身近な社会資源を利用して適切なあそびと生活の場を与えて，その健全な育成を図るものであり，1998（平成10）年度に施行された児童福祉法により，第二種社会福祉事業として制度化された。「学童保育」ともよばれている。2018（平成30）年５月現在，登録児童は123万4,366人，クラブ数は２万5,328か所となっている（厚生労働省，2018a）。

　放課後児童健全育成事業の対象となる児童は，保護者が昼間労働を常態としているので，いわゆる「保育を必要とする」状態にあるといえる。「保育を必要とする」就学前の児童の施策として保育所があるが，保護者が昼間家庭にいない小学校低学年児童を対象としたものとしては，1998年以前，法的には，特別の事情があるときは，小学校低学年の児童も保育所に入所できるという規定があるのみであった。そのため，放課後児童健全育成事業の対象となる児童の生活の場は，働く親たちの運動によって，共同保育の場をつくり，「学童保育」という名前で行なわれていた。

　1997（平成９）年の児童福祉法改正により，新たに法律上の事業として規定されたことにより，質の確保を図りつつ，いっそうの普及が図られることとなり，事業の実施数は年々増加している。実施場所として法律上「児童厚生施設等の施設を利用して」と明示されているが，厚生労働省によれば，2018（平成30）年５月現在，児童厚生施設に学童保育を設置しているのは，約1.5割であり，その他学校の空き教室等学校施設内が半数以上を占め，その他は公共施設，民

家，アパートなどである（表4-1）。また，運営主体は，公設公営が約5割，公社や社会福祉協議会への委託，地域運営委員会，父母会，法人・個人など運営や設置場所は多岐にわたっている（表4-2）。

　なお，本事業は，共働き家庭の一般化など子どもを取り巻く環境の変化に対応するものであり，仕事と子育ての両立を支援していくうえで重要な事業であることから，1995（平成7）年からの「緊急保育対策等5か年事業」および，2000（平成12）年からの新エンゼルプランにおいて，重点的かつ計画的にその整備が図られている。さらに，2004（平成16）年から施行された児童福祉法の一部改正では，放課後児童健全育成事業を子育て支援事業として位置づけ，福祉サービスの質の向上の措置や援助，研究の推進などが明記された。

　前述のように，2007（平成19）年には，放課後子どもプランと放課後児童ク

表4-2　学童保育の設置・運営主体別クラブ数の状況（厚生労働省，2018a）　　　（か所）

区分	平成30年	平成29年	増減
公立公営	8,740 （34.5%）	8,662 （35.3%）	78
公立民営（合計）	11,486 （45.3%）	11,176 （45.5%）	310
社会福祉法人	3,585 （14.2%）	3,492 （14.2%）	93
民法34条法人	1,013 （4.0%）	966 （3.9%）	47
NPO法人	1,555 （6.1%）	1,457 （5.9%）	98
運営委員会・保護者会	3,604 （14.2%）	3,667 （14.9%）	▲63
任意団体	320 （1.3%）	355 （1.4%）	▲35
株式会社	1,088 （4.3%）	895 （3.6%）	193
学校法人	174 （0.7%）	187 （0.8%）	▲13
その他	147 （0.6%）	157 （0.6%）	▲10
民立民営（合計）	5,102 （20.1%）	4,735 （19.3%）	367
社会福祉法人	1,670 （6.6%）	1,533 （6.2%）	137
民法34条法人	237 （0.9%）	171 （0.7%）	66
NPO法人	836 （3.3%）	754 （3.1%）	82
運営委員会・保護者会	1,465 （5.8%）	1,458 （5.9%）	7
任意団体	74 （0.3%）	57 （0.2%）	17
株式会社	209 （0.8%）	204 （0.8%）	5
学校法人	267 （1.1%）	235 （1.0%）	32
その他	344 （1.4%）	323 （1.3%）	21
計	25,328 （100.0%）	24,573 （100.0%）	755

注1）　（　）内は全クラブ数（30年：25,328，29年：24,573）に対する割合である。
注2）　公立民営・民立民営については，その運営主体ごとの内訳を記載している。

図4-3　放課後児童クラブの子どもたち

ラブガイドラインが策定され，子どもたちの放課後の生活保障や健全育成については，子育て支援の一環として，数の増加，質を高めることが推進された（図4-3）。

　放課後児童クラブガイドラインでは，対象児童，規模，施設・設備職員体制，職員の役割，関係機関との連携等，それまでには明記されてこなかった点が明記された。一方で，その運営に必要な基本的事項のみを示しており，各クラブの運営の多様性から「最低基準」という位置づけではないとされた。

　また，放課後児童クラブは，子ども・子育て支援法の施行により「地域子ども・子育て支援事業」として位置づけられ，大都市以外の地域の子育て支援機能の充実を図る目的から，地方においては，小規模保育に放課後児童クラブを併設するなど多機能型の一部としても想定されている。

　放課後児童クラブの基準については，2014（平成26）年に「放課後児童健全育成事業の設備及び運営に関する基準」（以下「省令基準」という）が規定され，さらに，2015（平成27）年に「放課後児童クラブ運営指針」（以下「運営指針」という）が規定された。省令基準は，国によって初めて示される放課後児童クラブの基準である。それとは別に，放課後児童クラブにおける育成支援の内容や，放課後児童クラブの職員の公的資格として新たに規定された「放課後児童支援員」の役割などを規定したものが運営指針である。「放課後児童支援員認定資格研修」の科目・内容に反映されることになっている。

（2）放課後児童支援員認定資格研修

　1997（平成9）年の児童福祉法改正で，いわゆる「学童保育」が放課後児童健全育成事業として児童福祉法に明記されたが，施設設備，職員配置，児童数

などの基準はなく，保育の質の充実が求められていた。それを受けて，前述のように2007（平成19）年に放課後児童クラブガイドラインが，また，2014（平成26）年には省令基準が規定された。しかし，それまで，子どもの支援については，保育士や教員免許取得者に代替され，放課後児童クラブ単独の資格は存在しなかった。学校教育や幼児教育ではなく保育でもない小学生の放課後の生活の場において，子どもを育成支援する者の資格として初めてできたのが放課後児童支援員である。この資格を取得するための認定資格研修は，放課後児童クラブの専門スタッフとして必要な知識及び技能を保持し，新たに策定された省令基準や運営指針に基づく放課後児童支援員としての役割や育成支援の内容等の共通の理解をふまえ，職務を遂行する上で必要最低限の知識及び技能の習得と支援を実践する際の基本的な考え方や心得を認識することを目的として，主に都道府県を主体として実施されている。小学生が放課後や学校休業日を豊かに過ごし，安心安全な環境のもとで生活ができる環境を整える人的資源の育成として期待されている制度である。

 障がいのある子どもの福祉に関する動向とサービス

1——障がいのある子どもへの理解

　これまで，障がいのある子どもへの理解やサービスの特色は，「障害」と「治療」という観点から医療モデルに基づいた発想であった。そのため，児福祉対策は施設施策や早期発見のための母子保健施策が中心であったが，1970年代ごろからは，在宅での施策の重要性が認識されるようになった。

　障がいのある子どもについて考える際，まず，「障害」をどのように理解し，「障害」のあることで制限される子どもの生活の質，また，「障害」のあることからくるニーズについて考えることが重要となる。

　WHO（世界保健機構）は，1980（昭和55）年，国際障害分類（ICIDH）として，「障害」を3つのレベルに分けて定義した。

　①インペアメント（impairment：機能障害）

　②ディスアビリティー（disability：能力障害）

③ハンディキャップ（handicap：社会的不利）

インペアメント（機能障害）は，医学的構造や機能の喪失や異常であり，客観的な「障害」の要因である。ディスアビリティー（能力障害）とは，機能障害の結果，活動が制限されたり，欠如することである。ハンディキャップ（社会的不利）とは，機能障害，能力障害に由来した個人の不利益であり，社会的に正常な役割を果たすことを制限されたり，妨げられたりすることである。

1980年代の「国際障害者年」「国連障害者の10年」などを経て，バンク－ミケルセン（Bank-Mikkelsen, N. E.）の提唱したノーマライゼーションの考え方が浸透し，「障害」の有無にかかわらず，人格が尊重され，生活しやすい社会の実現に向けた方向へと変化したことなどの動向を受けて，WHO（世界保健機関）は，2001（平成13）年に，国際障害分類（ICIDH）を国際生活機能分類（ICF）に変更した。

1980年のモデルが，機能障害からくる社会生活の制限や欠如といういわば消極的なとらえ方であったのに対し，2001年モデルは生活機能という，生活者としての積極的な活動や参加に焦点があてられている（図4-4）。

個別的に医療的また，リハビリテーションによって，障がいのある子どもの環境が整えられたとしても，生活する社会の偏見や，段差がある，移動手段がないなどの物理的障壁（バリア）があっては，生活自体は豊かにならない。このように「障害」があるがゆえに社会参加が制約されないよう，また生活の質

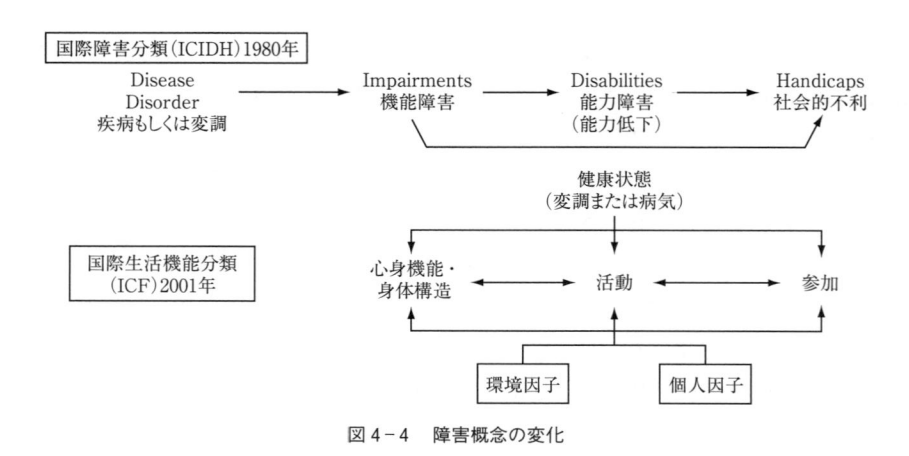

図4-4　障害概念の変化

や自己実現ができるようにすることがたいせつである。

2——障がいのある子どもへの福祉施策

児童福祉法では,「障害児」の定義を「身体に障害のある児童, 知的障害の
ある児童, 精神に障害のある児童」等としている。障がいのある子どもへの福
祉サービスの対象は, 当事者である子ども本人へのサービスとその家族へのサ
ービスがある。そして, サービスの方法として,「療育」という医療と教育の
両面からのアプローチが重要とされている。

従来, 具体的な障がいのある子どものための福祉サービスはおもに知的障害
児と身体障害児の二分野に分かれており, その二分野ごとに, ①障害の予防,
②在宅福祉, ③施設福祉, ④その他の4つのサービスにより構成されていた。
2005(平成17)年に制定され, 2006(平成18)年に施行された障害者自立支援
法により, 現在は, 障害児・障害者一体となり, 自立支援システムのなかで,
サービスを選択するという形がとられている(図4-5, 図4-6)。

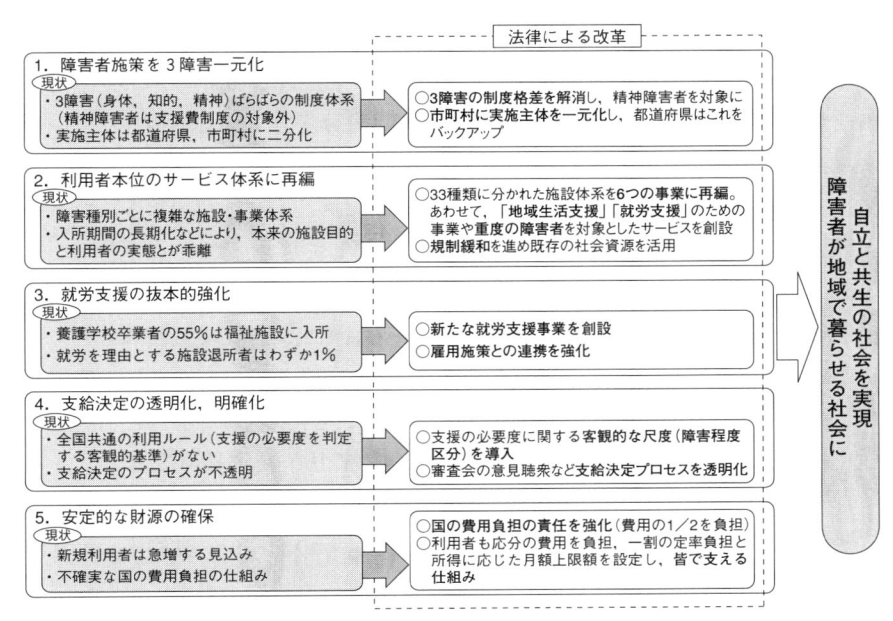

図4-5 「障害者自立支援法」のポイント(厚生労働省, 2008)

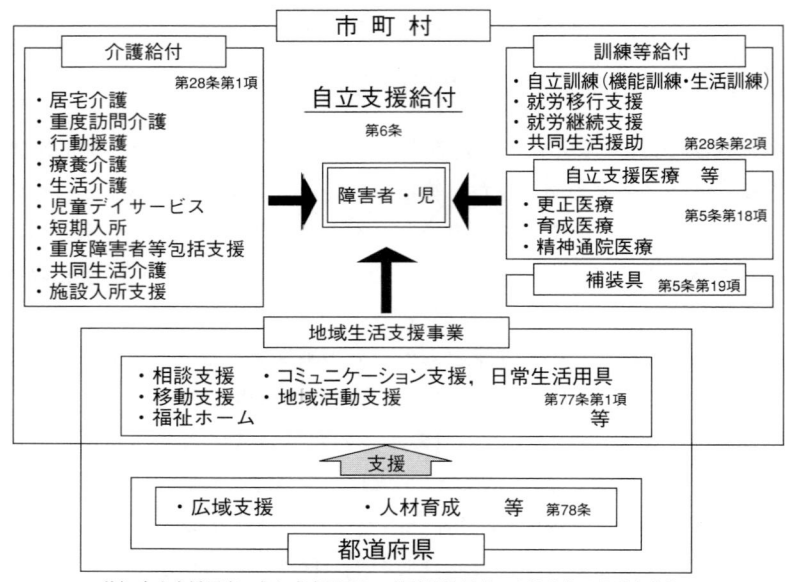

注）自立支援医療のうち育成医療と，精神通院医療の実施主体は都道府県等

図4-6　自立支援システムの全体像（厚生統計協会，2008b）

　身体障害者，知的障害者におけるサービスは，2003（平成15）年より，措置制度から利用契約制度が導入され，障害児の在宅サービスにも適用されていたが，2006（平成18）年に施行された障害者自立支援法（現：障害者総合支援法）によって，障害児の施設入所等の福祉サービス等も利用契約制度になった。

　障害者自立支援法は，障がいのある人が安心して暮らすことができるよう，従来分かれていた身体障害，知的障害，精神障害の施策サービスを一元化し，福祉サービスの質と量の充実がめざされている。障害者自立支援法のもとで障害児の利用できるサービスは，介護給付（原則一割負担）のなかでは，居宅介護，行動援護，短期入所などであり，地域生活支援事業（市町村ごとに利用者の負担が決められる）のなかでは，移動支援，日中一時支援事業などである。障害児の施設サービスについては，利用を児童相談所に申請し，支給が決定すると施設と契約し，定率負担（一割）を行なう。その際には，食費等も実費である。補装具については，従来の現物給付から補装具費の支給と定率の利用者負担となる。また，日常生活用具については，地域生活支援事業のなかで支給

され，市町村の裁量による対象品目を支給もしくは貸与される。

　また，現在，こうした障害児のための施策は，1995（平成 7 ）年に策定され
た障害児のための数値目標が設定された初めての総合的な計画である「障害者
プラン～ノーマライゼーション 7 か年戦略～」に基づき推進されてきた。2002
（平成14）年12月には新しい「障害者基本計画」と重点施策実施 5 か年計画
（いわゆる新障害者プラン）が新たに策定された。「障害者基本計画」は，「社
会のバリアフリー化の推進」「利用者本位の支援」「障害の特性を踏まえた施策
の展開」「総合的かつ効果的な施策の推進」という基本的な方針が取り上げら
れた。2007（平成19）年には，重点施策実施 5 か年計画の後期 5 か年が決定さ
れ，①利用者本位の生活支援体制の整備，②地域移行の推進の 2 つの柱が中心
となり，行なわれている。

　一方，自閉症，学習障害，ADHD などの発達障害については，2004（平成
16）年に発達障害者支援法が制定され，2005（平成17）年に施行されたことを
受け，発達障害の明確な定義，理解の促進，地域における一貫した支援の確立
が明示された。

　障害児の施設サービスとしては，おもに以下のものがある。

①障害児入所施設

　障害児入所施設とは，障害児を入所させて，児童福祉法第42条に定める支援
を行なうことを目的とする児童福祉施設のことをいう。すなわち，児童福祉法
第42条に定める支援を行なうことを目的とする施設とは，「福祉型障害児入所
施設」と「医療型障害児入所施設」のことをさす。

　このうち，「福祉型障害児入所施設」とは，保護，日常生活の指導および独
立自立に必要な知識技能の付与を行なう施設のことをいう。

　なお，旧来の知的障害児施設と盲ろうあ児施設は，改正児童福祉法（「障害
者自立支援法等の一部改正に伴う児童福祉法の一部改正」2010年改正，2012年
4 月施行）によって，2012（平成24）年 4 月から，福祉型障害児入所施設に再
編された。

　また，「医療型障害児入所施設」は，上記の福祉型障害児入所施設の支援内
容に加えて，治療を提供する施設のことをいう。

　旧来の肢体不自由児施設（肢体不自由児通園施設を除く）と重症心身障害児

施設は，同じく改正児童福祉法によって，2012年4月から，医療型障害児入所施設に再編された。

②児童発達支援センター

　児童発達支援センターとは，障害児を日々保護者の下から通わせて，児童福祉法第43条に定める支援を提供することを目的とする児童福祉施設のことをいう。児童福祉法第43条に定める支援を行うことを目的とする施設とは，すなわち，「福祉型児童発達支援センター」と「医療型児童発達支援センター」のことをさす。

　このうち，「福祉型児童発達支援センター」とは，日常生活における基本的動作の指導，独立自活に必要な知識技能の付与または集団生活への適応のための訓練を行なう施設のことをいう。

　なお，旧来の知的障害児通園施設は，改正児童福祉法（「障害者自立支援法等の一部改正に伴う児童福祉法の一部改正」2010年改正，2012年4月施行）によって，2012（平成24）年4月から，「福祉型児童発達支援センター」に再編された。

　また，「医療型児童発達支援センター」とは，上記の福祉型児童発達支援センターの支援内容に加えて治療を提供する施設のことをいう。

　旧来の肢体不自由児通園施設は，同じく改正児童福祉法によって，2012年4月から，医療型児童発達支援センターに再編された。

3——障がいのある子どもを取り巻く環境と今後の課題

　現在の福祉サービスは，施設入所による施策だけでなく在宅や地域社会に生活を広げる方向にある。たとえば，児童居宅生活支援事業として，ホームヘルプサービス，デイサービス，ショートステイなどが実施されている。また，最近の動向として，2000（平成12）年の社会事業法等の一部改正により，身体障害者福祉法，知的障害者福祉法，児童福祉法において，支援費制度が法制化された。

　従来の行政がサービスを決定する「措置」制度ではなく，障がいのある人自身がサービスを選択し，そのサービスを利用する制度である。それにともない，障がいのある子どもに関しては，児童居宅介護等事業，児童デイサービス

（現・放課後等デイサービス），児童短期入所が，まず利用契約となり，障害者自立支援法より，2006（平成18）年から障害児の施設入所等も措置から利用契約制度となった。これにより，食費等も実費となることから，結果的にこれまで以上の経済的負担が課せられる家庭もあり，サービスを受けたくてもあきらめてしまうなど，逆にサービスの低下につながる，という見方もある。

　このように，障がいのある人にかかわる福祉の施策は，保護するという立場から自立生活支援へと転換し，障がいのある人の社会参加がめざされている。しかし，障がいのある子どもをもつ家庭においては，経済的負担はもとより，保護者やきょうだいを含めた家族の過重な負担は計り知れないものがある。今後は，障がいのある人が地域のなかで一人ひとりのもてる力を発揮しながら生活するとともに，家族に対するさらなる情報提供や相談を含めた社会的援助のあり方が必要となっている（図4-7）。

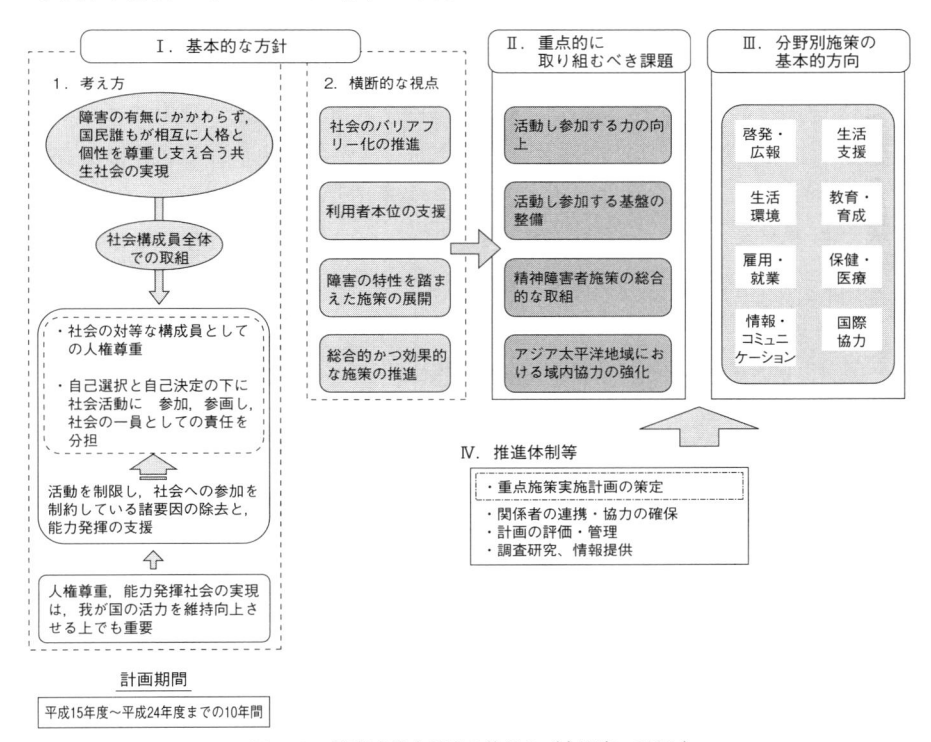

図4-7　障害者基本計画の枠組み（内閣府，2008a）

4節　社会的養護に関する動向と福祉サービス

1──社会的養護の制度的側面

(1) 社会的養護体系の確立

　本節では，社会的養護を要する子どもたち（要保護児童）に対するサービスについての理解を進めていく。社会的養護を要するような子どもたちとは，「保護者のない児童又は保護者に監護させることが不適当であると認める児童」（児童福祉法第6条の3第8項）のことであり，具体的には，「保護者が児童を虐待したり，非行児童に適切な監護を行わず，助言や相談等の保護者への支援では児童の福祉が守れない場合」（厚生省児童家庭局家庭福祉課，1998）に考慮されるべき子どもたちのことである。

　こうした子どもたちは，信仰心の篤い宗教家たちの手によって，古くから保護の対象とされてきた。しかし，第二次世界大戦が終わり，戦災孤児が街にあふれ，GHQの指導が日本政府に入るようになると，宗教上の理由によらずに，国家責任という政治的理由によって社会的養護が体系化されるようになった。その中身とは，憲法第25条を基盤として，健康で文化的な最低限度の生活をすべての子どもたちに保障する試みであった。そして，「保護者のいない児童，虐待されている児童その他環境上養護を要する児童」は養護施設（現在の児童養護施設）・里親へ，とくに乳児については乳児院・里親へ，「不良行為をなし，又はなす虞のある児童」は教護院（現在の児童自立支援施設）へ入所措置されるようになった。そして，1960年代には，新たに社会問題となった低年齢非行に対応して，「軽度の情緒障害を有するおおむね12歳未満の児童」を入所対象者とする情緒障害児短期治療施設（現在の児童心理治療施設）が創設された（入所対象者の各規定については，施設創設当時の児童福祉法条文を使用している）。

(2) 社会的養護体系の再編

　しかし，児童福祉法が制定されてから50年も経過すると，これまでの枠組みだけでは対応しきれない状況が現われるようになった。とくに児童虐待が社会問題化するなかで，被虐待経験からの回復を必要とする子どもたちへの対応

が，どの施設でも中心的課題となってきたのである。被虐待経験をもつ子どもたちについては後述するが，とりあえずここでは，情緒的・行動的に不安定な子どもたちへの対応に頭を悩ますようになったと理解しておいてほしい。

　ここにいたって，これまでは子どもの状態別（養護，非行，情緒障害）に施設種別が分けられていたが，もはやそうした区分けがあまり意味をなさないものとして認識されるようになり（具体的には，非行傾向のある子どもが児童自立支援施設以外の施設にも入所し，情緒障害のある子どもが情緒障害児短期治療施設以外の施設にも入所しているという状況），施設体系そのものの再編について，1990年代以降，断続的に議論されるようになっている。

(3) 自立支援概念の登場

　従来は「保護」という枠組みで社会的養護にかかわるサービスが総括されていたが，これまでに述べてきた変化を受けて，「これからは，保護するだけでなく，保護してから虐待等によって生じた心の傷をいかにして癒すのか，そして，社会的に自立していくプロセスをどうやって支援していくかを考えなければならないだろう」と，発想の転換が図られるようになった。

　その結果，現在では，「自立支援」については，行政上，次のように定義され，社会的養護の目標とされるようになっている。

　　児童の自立を支援していくとは，一人ひとりの児童が個性豊かでたくましく，思いやりのある人間として成長し，健全な社会人として自立した社会生活を営んでいけるよう，自主性や自発性，自ら判断し決定する力を育て，児童の特性と能力に応じて基本的生活習慣や社会生活技術（ソーシャルスキル），就労習慣と社会規範を身につけ，総合的な生活力が習得できるように支援していくことである。(厚生省児童家庭局家庭福祉課，1998)

(4) 社会的養護の新たな方向

　社会的養護は大きな転換期に入ってきている。その特徴を簡単にまとめると，①家庭養育の促進，②施設機能の見直し，③自立支援機能の強化，④権利擁護機能の強化，⑤関係機関との連携およびネットワーク機能の強化，⑥職員の専門性強化の6項目となる。以下，それぞれについて簡単に解説する。

①家庭養育の促進

　2016年に児童福祉法が改正され，同法第3条の2において，家庭養育優先の原則が明確化された。この条文は，子どもたちが家庭において保護者から継続

的に養育されるようにすることを原則とするものであるが，その一方で，「ただし，児童及びその保護者の心身の状況，これらの者の置かれている環境その他の状況を勘案し，児童を家庭において養育することが困難であり又は適当でない場合」には，「児童が家庭における養育環境と同様の養育環境において継続的に養育されるよう」にすることを求めるものである。

　言い換えると，施設という場での養育は，最後の選択肢になるということである。代わって注目されているのが，特別養子縁組と里親養育である。これらについては，わが国ではけっして活発とはいえない状況にあるが，この実態をそのまま放置することは，児童福祉法の理念に反することになる。そのため，都道府県は特別養子縁組によるパーマネンシー（永続的解決）の保障を進めるとともに，里親養育については，里親等委託率（社会的養護が必要な子どものうち，里親あるいはファミリーホームに委託される子どもの割合）が乳幼児75％以上，学童期以降50％以上となるように里親等委託を計画的に進めていくことが求められている。

　特別養子縁組や里親家庭の確保，そしてこれら家庭への支援の充実は，今後，社会的養護を必要とする子どもたちの福祉保障において，きわめて重大な課題といえ，乳児院や児童養護施設等がこの役割を担うことも増えていくことが推測される。

②施設機能の見直し

　上記のような動向と並行して，施設の養育形態についても，大幅な見直しが進められている。施設の生活単位をユニット化する小規模グループケアの導入や，地域のなかの一軒家やアパートに生活単位を分散させながら養護を展開する地域小規模児童養護施設（いわゆるグループホーム）の重点整備が行なわれ，「できる限り家庭的な養育」（児童福祉法第3条の2）を保障することはもちろん，ケアニーズの高い子どもたちへ対応するため，心理職や医師等の専門職が即時に対応できるような高機能化を志向するようにもなっている。

　また，日々養護を行なうだけでなく，家庭復帰が適当であると判断される子ども，施設から里親家庭へ生活の場を変える子どもへの支援も行なう必要性が高まっている。それに加えて，地域全体の子育て能力の低下に対応して，施設が蓄積してきた子育てのノウハウを社会的に還元していくこと（地域子育て支

援）も期待されるようになっている。そうしたことから，子どもたちに生活の場を提供するだけでなく，家族再統合機能，里親支援機能，地域子育て支援機能などのマルチな機能を発揮していくことも，社会的養護を担う施設にとって大きな課題となっている。

③自立支援機能の強化

　社会的養護のもとで育った子どもたちは，施設等を退所し，自立するにあたって，保護者等から支援を受けられない場合も少なくない。加えて，後述するように，子どもたちが被虐待経験に大きく囚われている場合，社会生活において不安定な対人関係パターンをくり返すこととなる。こうした実態をふまえ，とくに18歳を超えた子どもたちへのケア強化が図られるよう，制度が見直されている。

　とくに児童自立生活援助事業については，一定の要件を満たせば，22歳まで利用することができるようになっている。児童自立生活援助事業とは，児童養護施設等への措置が解除され，なおかつ日常生活上の援助および生活指導並びに就業の支援が必要な子どもについて，共同生活をとおしてその支援を行なう事業であり，その事業を行なうところを，自立援助ホームとよんでいる。事業実施箇所数がきわめて少ないことが，自立支援機能の強化において，大きな課題となっている。

④権利擁護機能の強化

　子どもの権利擁護については，これまでにもさまざまな取り組みがなされてきた。しかし，施設内虐待（職員や里親からの虐待のほか，子どもたちどうしの権利侵害事例も含む）などが一向になくならないことから，都道府県および都道府県児童福祉審議会において，当事者である子どもたちをはじめとして関係者から事情を聴取し，適切な対応をしていくことが期待されるようになっている。

⑤関係機関との連携およびネットワーク機能の強化

　社会的養護は施設のみによって担われるものではなく，措置機関である児童相談所と連携して行なわれる必要がある。しかし，児童相談所においては虐待への対応に追われるなど，慢性的な疲弊状態にある。

　こうした状況をふまえ，マンパワー体制を強化するなかで児童相談所のアセスメント能力の向上を図ることや，児童家庭支援センターの設置数増加および

その活用，子育て支援を中心とする市町村機能の強化，そしてそれら関係機関が要保護児童対策地域協議会をとおして連携をしていくことが望まれている。

⑥職員の専門性強化

　保育士と児童指導員を主たる担い手としてきた社会的養護も，大きな転換期にある。以上に述べてきたような機能を果たすためのマンパワーが求められていることをふまえ，施設長や施設職員の任用資格を強化することや，国および都道府県の研修を充実させることも行なわれてきている。

2──社会的養護の実際

(1) 被虐待経験をもつということ

　社会的養護の内容を確認する前に，被虐待経験をもつ子どもたちのニーズが，保護あるいは単純養護（衣食住の保障）という枠組みでは充足しきれないものになっていることを理解しておこう。なお，被虐待経験について丁寧に理解するためには，複雑な心理の世界について学習しておかなければならないが，ここでは「信頼」をキーワードに簡単に解説を加えておきたい。

　「信頼」というのは，私たちの生活の基盤となるものである。だれかに道を尋ねたときにいきなり殴られることはないという信頼，タクシーを止めようとしたらそのタクシーに轢かれることはないという信頼，そうした社会的に共有されているルールに対する信頼があってこそ，私たちの生活は成り立っている。

　この「信頼」は，日常的なくり返しのなかで保障されることで，ちょっとやそっとのことでは崩れないようなものとなるのだが，そのくり返しの第一歩は，乳児時代に養育者との相互作用のなかで体験されている。乳児は，自分の欲求（眠い，空腹だ，退屈だ）を充足するために他者（養育者）にはたらきかけるが（具体的には，泣く，ぐずるなど），そのときに実際に他者が動き，欲求充足が可能となることで，自分のもつパワー（影響力）を信頼するようになる。そして，養育者という特別な他者との間に，特別な関係（愛着＝アタッチメント関係）を形成し，自分にとっての安全基地を確立するのである。

　しかし，乳幼児期から不適切な家庭環境で育っている場合，このプロセスは経験されることがない。つまりは，自分のなかにあるパワーを感じることもないし，愛着関係を形成することもなく，代わりに，他者の気分に支配されると

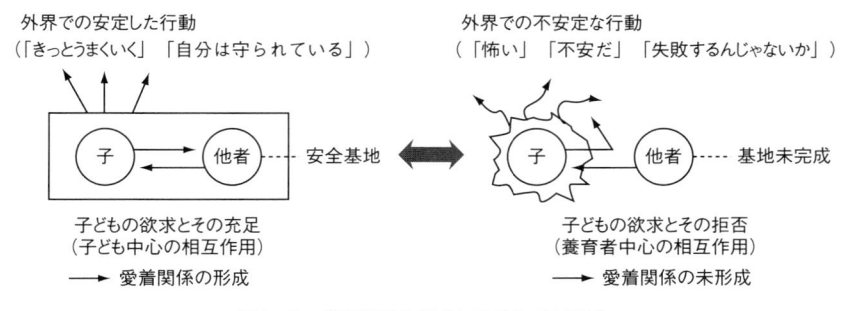

図4-8　愛着関係の形成と子どもの安定感

いう心許ない世界を体験するのである。拠るべきものを知らずに育った子ども
は，外の世界すべてに対して，恐怖感や不安感を基本として反応することにな
る（図4-8）。

　村上龍の小説『ピアッシング』（1994）では，こうした混乱をきたしている
子どものようすが，次のように描写されている。

　　あんな子供達が傍にいたら百人が百人，何ていやなガキなんだ，と思うだろう。挨拶を
　しない。話しかけても返事をしない。何度も名前を呼ぶと，バーカちゃんと聞こえてんだ
　よ，うるせえんだよと視線を合わさずに答える。大人が注意するとすぐに暴れだし玩具を
　投げつけ，壊し，手に噛みついてくる。食べものにいやしくて他の人の分までガツガツ食
　べる。部屋の隅で放心したようにうずくまって一メートル以内に誰かが近づくと火がつい
　たように泣き出す子供がいたし，いつも大人の顔色を窺って怯えた目で命令を待ち奴隷の
　ように極端に従順な子供がいた。知らない大人にベタベタと甘え下着の中に手を入れさせ
　ようとする女の子がいたし，自分で自分の腕を噛む癖のある子供もいた（村上，1994）。

　これはあくまでも小説のなかでの表現であって，被虐待経験をもつ子どもた
ちすべてがいつもこのような状態にあるわけではないが，こうした混乱状態に
陥っている子どもたちがいるということ，そしてそれを子どもたちのわがまま
ととらえるのではなく，被虐待経験の結果であると理解して適切なケアを提供
しなければならないということは，対人援助に携わる者として知っておくべき
である。

(2) 生活をとおした治療

　こうした子どもたちの入所が増大するなかで，施設で展開されている援助
プログラムにも変化が生じ始めた。いまや，ただたんに衣食住を保障すると

いう発想は時代遅れのものとなり，心理療法による治療を含めて，個々の子どもの状態にそくした自立支援計画を策定するようになっている。

　しかし，誤解してはならないのは，この変化は，衣食住をないがしろにすることを認めるものではないということである。むしろ，以下に示す児童養護施設での実践例のように，衣食住という生活の基本的要素を意識的に活用し，子どもたちのケアを行なうことが求められているのが実際である。

事例　食事場面をとおした援助

　A君は，被虐待経験をもって入所してきた小学校5年生の子どもである。入所当時から食に対する固執傾向が強く，食事に出されたものはあっという間に口に詰め込んでしまうし，職員がいないときを見計らって，冷蔵庫にあるものを黙って食べてしまうような行動が見られる。

　職員は，こうしたA君の行動を不適切な子育ての結果であると受けとめ，食事の時間になると「ご飯だよ」と声をかけ，A君のための食事が1日3回ちゃんとあることを日常生活のなかで示し続けた。この結果，入所1か月後には，食事マナーについてはまだ覚束ないものの，食に対する固執傾向そのものは軽減され，ちゃんと決まった時間に自分のための食事が出てくることへの信頼が芽ばえてきたようであった。

事例　約束を守るという援助

　実習生のBさんと4歳になるC君との間で起こったことである。C君は，実習初日からBさんに甘え，執拗にいっしょに遊びたがった。Bさんは，ふつうの子どもならするであろう人見知りをC君がしないことに少し違和感を覚えたものの，「施設では，実習生の出入りが多いので，知らない人と話すことにも慣れているのだろう。施設にいる子どもたちもふつうの子どもたちと同じように，楽しく遊びながら成長していくものなんだ」と思い，最初に感じていた不安から少し解放されながら実習初日を終えようとしていた。

　しかし，帰り際に，「C君，じゃあ，お姉さんは帰るからね」と声をかけたところ，「うるせぇよ。二度と来るんじゃねぇよ」と，それまでとはまったく違う対応をC君からされてしまった。このことに衝撃を受け，実習指導者に助言を求めたところ，「C君は『楽しく過ごしていてもいつかは裏切られる（殴られる，無視される）』ということを過去において日常的に経験してきたために，『また楽しく過ごせる』ということが信じきれないのだろう」と教えてもらった。

　この助言を受けて，Bさんは翌日から，「お姉さんはまた明日も来るからね。またいっしょに遊ぼうね」といって別れ，翌日またC君と思い切り遊ぶということを意識的にくり返した。その結果，1週間もすると，別れ際には「じゃあ，

また明日も遊ぼうね」ということをC君から口にするようになった。

このように，被虐待経験をもつ子どもたちが示す言動に巻き込まれずに，生活そのものが治療的になるように（信頼を構築できるような配慮をするように）安定してかかわることが求められているのである。

なお，先述したように，生活場面をとおしたケア活動以外にも，家庭復帰の支援等，保育士が担うべき義務はますますふえている。この点については，「社会的養護」等で，学びを深めてほしい。

**節. ひとり親家庭に関する動向と福祉サービス**

1 ──ひとり親家庭とは何か

(1) 欠損家庭からひとり親家庭へ

本節では，ひとり親家庭についての理解を進めると同時に，どういったサービスが求められているのかを学習する。なお，本文中において，母子／父子「世帯」という用語が用いられるが，ここでは母子／父子「家庭」と互換性のあるものとして理解して構わない。

さて，まずは「ひとり親家庭」という用語について確認しておきたい。「ひとり親家庭」とは，母子／父子家庭の総称であり，比較的新しい用語である。かつて，母子／父子家庭は，「欠損家庭」という用語で理解されていた。「男女ペアになって初めて生命が誕生することを考えれば，親がひとりしかいないというのは，もともとあった状態から欠けたものと理解していいのではないか」と思われる人もいるかもしれないが，「本来あらねばならないものが欠けた」というマイナスのイメージが「欠損」という言葉にはつきまとう。

かつてはそうした疑問もなく，欠損家庭という用語が使われていたわけだが，家族形態の変化が顕著なものとなり，「親がひとりだけで子どもを育てることは異常なことでも何でもないという認識にたって，新たな言葉を使用すべきだ」という見解が徐々に浸透していくこととなった。

表4-3および表4-4は，母子世帯および父子世帯となった理由別に世帯構

表4-3 母子世帯になった理由別構成割合の推移 (厚生労働省, 2017)

| 調査年次 | 総　数 | 死　別 | 生　別 | | | | | | 不詳 |
			総数	離婚	未婚の母	遺棄	行方不明	その他	
昭和58	(100.0)	(36.1)	(63.9)	(49.1)	(5.3)	(＊)	(＊)	(9.5)	(－)
63	(100.0)	(29.7)	(70.3)	(62.3)	(3.6)	(＊)	(＊)	(4.4)	(－)
平成5	(100.0)	(24.6)	(73.2)	(64.3)	(4.7)	(＊)	(＊)	(4.2)	(2.2)
10	(100.0)	(18.7)	(79.9)	(68.4)	(7.3)	(＊)	(＊)	(4.2)	(1.4)
15	(100.0)	(12.0)	(87.8)	(79.9)	(5.8)	(0.4)	(0.6)	(1.2)	(0.2)
18	(100.0)	(9.7)	(89.6)	(79.7)	(6.7)	(0.1)	(0.7)	(2.3)	(0.7)
23	(100.0)	(7.5)	(92.5)	(80.8)	(7.8)	(0.4)	(0.4)	(3.1)	(－)
28	2,060	165	1,877	1,637	180	11	8	41	18
	(100.0)	(8.0)	(91.1)	(79.5)	(8.7)	(0.5)	(0.4)	(2.0)	(0.9)

注) 母子世帯の推計世帯数は，1,232万世帯となっている。

表4-4 父子世帯になった理由別構成割合の推移 (厚生労働省, 2017)

| 調査年次 | 総　数 | 死　別 | 生　別 | | | | | | 不詳 |
			総数	離婚	未婚の父	遺棄	行方不明	その他	
昭和58	(100.0)	(40.0)	(60.1)	(54.2)	(＊)	(＊)	(＊)	(5.8)	(－)
63	(100.0)	(35.9)	(64.1)	(55.4)	(＊)	(＊)	(＊)	(8.7)	(－)
平成5	(100.0)	(32.2)	(65.6)	(62.6)	(＊)	(＊)	(＊)	(2.9)	(2.2)
10	(100.0)	(31.8)	(64.9)	(57.1)	(＊)	(＊)	(＊)	(7.8)	(3.3)
15	(100.0)	(19.2)	(80.2)	(74.2)	(＊)	(0.5)	(0.5)	(4.9)	(0.6)
18	(100.0)	(22.1)	(77.4)	(74.4)	(＊)	(－)	(0.5)	(2.5)	(0.5)
23	(100.0)	(16.8)	(83.2)	(74.3)	(1.2)	(0.5)	(0.5)	(6.6)	(－)
28	405	77	324	306	2	2	2	12	4
	(100.0)	(19.0)	(80.0)	(75.6)	(0.5)	(0.5)	(0.5)	(3.0)	(1.0)

注) 父子世帯の推計世帯数は，187万世帯となっている。

成割合を示したものであるが，そこに見られるように，離婚によるものが多数派を形成するようになっていることがわかる。家族変動は確実に引き起こされているわけで，その変動に見合った用語として，「ひとり親家庭」が使用されるようになっているのである。

(2) 離別ひとり親家庭の生活

　ひとり親家庭に対して特別な福祉サービスが必要な理由は何であろうか。そのことを明らかにするために，多数派を占める離別ひとり親家庭にとくに焦点をあてながら，その生活実態をみておきたい（表4-5，表4-6）。なお，こ

表4-5　離婚により生じた悩み（複数回答）（厚生省児童家庭局家庭福祉課，1998）

(%)

	親権者（男）	親権者（女）
子どものこと	**69.6**	**66.8**
離婚したこと	21.4	9.7
近所づきあい	19.9	10.2
勤務先の雰囲気	13.4	4.2
親のこと	28.0	17.0
経済的なこと	28.6	**73.0**
仕事と子育ての両立のこと	**49.4**	**43.5**
あなたの健康のこと	22.0	25.4
家事のこと	**42.6**	7.3
再婚のこと	28.0	8.6
転居による環境の変化	1.2	10.5
就職のこと	7.4	27.0

注）回答者は，「悩みあり」と回答した者で，親権者（男）は294名（有効回答数の87.5%），
　　親権者（女）は，1,436名（同92.7%）であった。
　　太字は回答の多かった上位3項目を示す。

表4-6　子どもに関する悩み（複数回答）（厚生省児童家庭局家庭福祉課，1998）

(%)

	親権者（男）	親権者（女）
意思の疎通がうまくいかないこと	14.1	10.1
接する時間が少ないこと	**47.4**	**42.1**
進学や就職のこと	28.6	28.0
勉強のこと	28.6	16.1
別れた配偶者との面接のこと	27.4	27.3
情緒面の問題	**40.2**	**43.5**
素行上の問題	20.9	10.7
学校等での生活がうまくいかないこと	8.5	10.2
その他	9.0	11.4

注）回答者は，表4-5で「子どものこと」で悩みのある者のみ。
　　太字は回答の多かった上位2項目を示す。

こで扱うデータは，離婚前後での生活の変化を明らかにすることを目的として，
1997（平成9）年6月中に協議離婚をし，かつ1998（平成10）年1月以降に別
居し，親権を行使する子どものいる者，4,843名を対象として行なわれた調査
結果である（有効回答数：1,885票）。全数調査ではないが，またデータがやや
古いが，おおむね他調査の結果と同じ傾向を示していると考えてよい。

①子どもについての悩み

　母子／父子家庭に共通して感じられている困難は，子どもにまつわることである。もちろん，ふたり親家庭においても子どものことは頻繁に心配の種となっているであろうが，ひとり親家庭の場合には独特の事情があると推測される。表4-6を見ると，子どもに関する悩みとしては，「（子どもと）接する時間が少ないこと」と「情緒面での問題」が最も頻繁に回答されていることがわかる。接する時間が少ないというのは，後述するように，ひとり親家庭にとってはまず経済的自立の確立が大きな課題となっており，時間的にも精神的にも大きなエネルギーが仕事に割かれているためと思われる。とくに離別直後であれば，引越や転職など，生活の変化への適応に追われ，子どもに対して十分なエネルギーを注げなくなっていることも推測される。

　また，情緒面については，ひとり親家庭の子どものほうが情緒的に不安定な場合が多いとまではいえないものの，生活環境の激変に対して，子どもが戸惑うことは想像にかたくない。たとえば，ガードナーは，別居や離婚をした保護者と暮らしている子どもたちによくみられることとして，孤立することへの恐怖，保護者が離婚したことへの恥の感覚，保護者に対する怒り，離婚の責任が自分にあるのではないかという罪悪感といったものをあげている。そして，そういった心理的不安定状態が，保護者の注意を引くために悪いことをしたり，出て行った保護者のようにふるまったりといった，なんらかの気がかりな行動として現われると述べている（Gardner, 1978）。

　実践的には，子どもの発達段階や，離別にいたった個々の家族の状況などを考慮する必要があり，「子どものことを考えたら離婚は絶対によくない」などと一概に否定的に結論づけることはできない。課題とすべきは，ひとり親家庭になったあとで，保護者や援助者がどれだけ子どものこうした気持ちをキャッチし，寄り添えるかということであろう。

②保護者自身の悩み

　ひとり親家庭の生活問題を理解するうえで，決定的に見逃せないのは，とくに母子家庭における経済的な問題の深刻さである。厚生労働省による「全国ひとり親世帯等調査結果報告」（2017年）を見ると，母子世帯の2015（平成27）年の平均年間収入（同居親族を含む世帯全員の収入）が，わずか348万円とな

っている。一般世帯平均年間収入が約707万円であるから，いかに母子家庭の経済的状況が苦しいものかわかるであろう。

　父子家庭においては，「家事の問題」が悩みの種となっており，大枠で見ると，女性にとっては仕事，男性にとっては家事に関して困難を感じることが多いといえる。これは，今の日本社会が，「夫は仕事，妻は家庭」という伝統的性別役割分業に基づいてつくられていることを物語っている。ひとり親家庭になるということは，この前提に基づかない家庭を形成することを意味するが，そのため，親権者の性別にかかわらず，家庭外で行なうことの多い仕事と家庭内で行なうことの多い子育ての両立が困難なものとして感じられるのである（表4-5）。

2──ひとり親家庭へのサービス

(1) 経済的支援

　ひとり親家庭，とくに母子家庭にとっては，経済的支援がきわめて重要である。経済的支援のなかには，貸付金制度や税制上の優遇措置などがあるが，ここではとくに児童扶養手当をめぐる状況をみておきたい。

　児童扶養手当は，父または母と生計を同じくしない「児童の心身の健やかな成長に寄与することを趣旨として支給されるもの」（児童扶養手当法第2条）であり，所得制限があるものの，経済的に困難を抱える母子家庭には大きな支えとなっており，多くの母子家庭が利用しているサービスである。

　しかし，母子家庭の増大にともない，児童扶養手当のための予算支出が急増し，財政上の見直しが行なわれるようになっている。そして，今後このまま母子家庭が増大してもこの制度が機能するように抜本的な見直しをするべきだとして，一連の制度改革が実行され始めている。たとえば，2002（平成14）年には，児童扶養手当法の第2条として，「児童扶養手当の支給を受けた母は，自ら進んでその自立を図り，家庭の生活の安定と向上に努めなければならない」という規定が新たに付け加えられ，また受給期間についても，支給開始月から5年で一部支給停止にする旨が規定されるようになっている（ただし，実際には，与党のプロジェクトチームにおいて，受給者本人やその子ども等の障害・疾病等により，就業が困難な事情がないにもかかわらず，就業意欲がみられな

い者についてのみ，支給額の２分の１を支給停止することとし，それ以外の者については，一部支給停止を行なわないこととされた）。

　これに対して，当事者団体のひとつである「NPO法人しんぐるまざあず・ふぉーらむ」は，改革は児童扶養手当を受給しながら「自立」している母子家庭が多いことを認識していない，子どもは５年で育つわけではなく，支給停止は非現実的だという声をあげている。

　2002（平成14）年に厚生労働省より発表された「母子家庭等自立支援大綱」を見ると，児童扶養手当の支給対象者を限定する代わりに，父親からの養育費を優先的に利用する仕組みをつくること，就労支援策を強化することという方向性が明確にされ，現にそのための施策がつくられているが，その効果は十分なものとはいえない。

（2）対人サービス

　ひとり親家庭であるために子育てが困難になっている人たちに対しては，相談事業等が用意されている。大きくは，就業支援のような労働関連サービスと，ショートステイやトワイライトステイなどの子育て支援サービスのふたつに分けられる。数多くの事業が展開されているが，ここでは保育士が主要なマンパワーとなっている母子生活支援施設を見ておきたい。

　母子生活支援施設は，もともとは経済的に恵まれない母子のやどかり的な存在であった。しかし，近年では，配偶者間暴力を背景にした入所がふえているため，やどかり的な機能のほかに，危機介入的機能や治療機能が求められるようになってきている。今後そうした現状に見合った改革が促進されることが期待されているが，その一方で，援助者としては，以下の例のように，個々の実情にあわせて援助目標をたて，社会資源をうまく使いながら自立生活支援を行なうという援助の基本を心に留めて研鑽を積むこともたいせつである。

> **事例　食事場面をとおした援助**
> 　事例　D子さんは，20歳で結婚をし，すぐに子どもをもうけたが，まもなく夫からの暴力が現われ始め，離婚の話もできないまま，逃げるようにして母子生活支援施設に入所した。D子さんの担当となった母子支援員は，福祉事務所と連携しながら，援助目標を，①離婚の成立，②子どもの保育，③地域での生活の場の確保，において，相談にのるようにした。
> 　最初は，夫のことが払拭しきれずに，「私がいたらないから，こんなことに

なってしまった」と自責感を示していたが，実家からの説得もあって離婚が成立し，子どもが楽しそうに少年指導員や友だちと遊ぶのを目にするようになって，徐々に今後の新たな生活に目を向けるようになった。現在，母子支援員といっしょに探したパートタイムの仕事をこなしながら，今後の生活を模索しているところである。

 **節. 児童虐待に関する動向と対策**

1──児童虐待に関する動向

(1) 児童虐待の定義

　児童虐待とは，英語のチャイルド・アビュース（child abuse）を翻訳したものである。アビュースとは，「間違った使用」を意味する言葉であり，たとえばドラッグ・アビュースといったら「薬物乱用」という意味になる。チャイルド・アビュースの場合，「子どもを間違って使うこと」となるが，具体的には子どもへのかかわりが，子どもの欲求充足のためになされるのでなく，大人の欲求充足のためになされることをさすものと考えてよい（たとえば，思い通りに動かないからといって子どもを殴りつける場合，別に子どもに殴られたいという欲求があるわけではない。大人が殴ってやりたいという欲求をもってしまった結果なのである）。

　したがって，「子どもが可愛いから，厳しくしつけているのだ」という保護者と出会ったときに，「保護者が熱心そうだから，虐待と判断するのは行きすぎだろう」などと考えてしまうのは，本質的にみて誤りであるといえる。あくまでも，子どもが被っている危害状況によって判断されるべきなのが，児童虐待である。

　なお，「児童虐待の防止等に関する法律」では，「児童虐待の定義」として，表4－7に示した四分類が明記されている。基本的事項であるので，体罰を禁止する条文（同法第14条）などとあわせて確認しておいてほしい。

表4-7 児童虐待の定義（日本子ども家庭総合研究所，2005）

児童虐待とは，保護者がその監護する児童に対し，次に掲げる行為をすることをいう。
○身体的虐待：児童の身体に外傷が生じ，または生じるおそれのある暴行を加えること 　　　　　　　例．殴る，蹴る，溺れさせる，熱湯をかける，逆さ吊りにする，異物を飲ませる
○性的虐待　：児童にわいせつな行為をすることまたは児童をしてわいせつな行為をさせること 　　　　　　　例．性交を強要する，性器や性交を見せる，ポルノグラフィーの被写体にする
○ネグレクト：児童の心身の正常な発達を妨げるような著しい減食または長時間の放置，保護者以 　　　　　　　外の同居人による身体的虐待，性的虐待，または心理的虐待と同様の行為の放置， 　　　　　　　その他の保護者としての監護を著しく怠ること 　　　　　　　例．登校禁止，病院に連れて行かない，乳幼児の車への放置，食事を与えない
○心理的虐待：児童に対する著しい暴言または著しく拒絶的な対応，児童が同居する家庭における 　　　　　　　配偶者（婚姻の届出をしていないが，事実上，婚姻関係と同様の事情にある者を含 　　　　　　　む）に対する暴力，その他児童に心理的外傷を与える言動を行なうこと 　　　　　　　例．言葉による脅迫，拒否的態度，無視，子どもの心を傷つけるような言動

(2) 児童虐待の増大と社会的背景

①マクロレベルでみた児童虐待

社会福祉学に基づいた実践に携わる者としては，社会環境の変化が子育て家庭の生活に大きな影響をおよぼしていることを理解しておくことがたいせつである。図4-9は，社会経済状況（A）の変化が地縁・血縁に変化を引き起こし（B，C），その影響を受けて，子ども，親，そして家族関係にこれまで見られなかった現象が確認できるようになったこと，そしてその結果としてこれまであたりまえのように期待されていた家庭機能が変化してきていることを示したものである（D）。

児童虐待問題においては，虐待者の残虐性ばかりが取り上げられ，その人たちの心の問題に注目が集まりがちだが，そもそもそのような傾向を強めていると思われる社会変動を理解し，新たな時代にそくした社会環境を整備していくという視点も欠かせない。各種児童福祉施設に対して，伝統的地縁・血縁に代わる新たな社会的支援体制の一翼を担うことが法制度上も期待されてきているが，これなどは子育てという営みをマクロレベルからとらえてこそ，生まれてくる発想である。

②ミクロレベルでみた児童虐待

大きな社会変動を捕捉することは，大きな社会福祉政策の提言をし，めざすべき福祉社会を明らかにしていくうえでは役に立つ。しかし，一人の援助者と

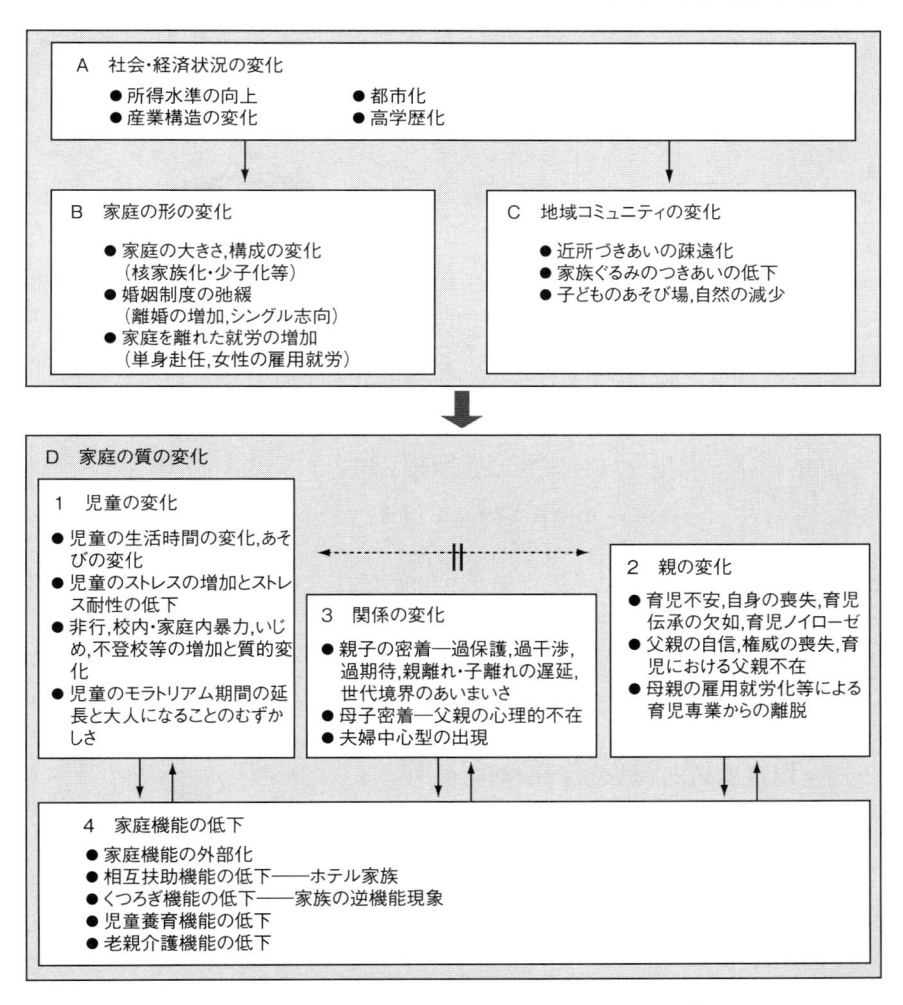

図4-9　家庭・児童に関する諸問題の整理（柏女, 2007)

して何かをしようとした場合，そのような見方だけでは無力感を抱えてしまう
かもしれない。そこで，もう少し実践場面から虐待の発生状況を理解しておき
たい。

　図4-10は，虐待が発生する仕組みを示したものだが，親自身の問題にとど
まらず，ストレスフルな家庭の状況，子どもの状況や親子関係の歴史など，複

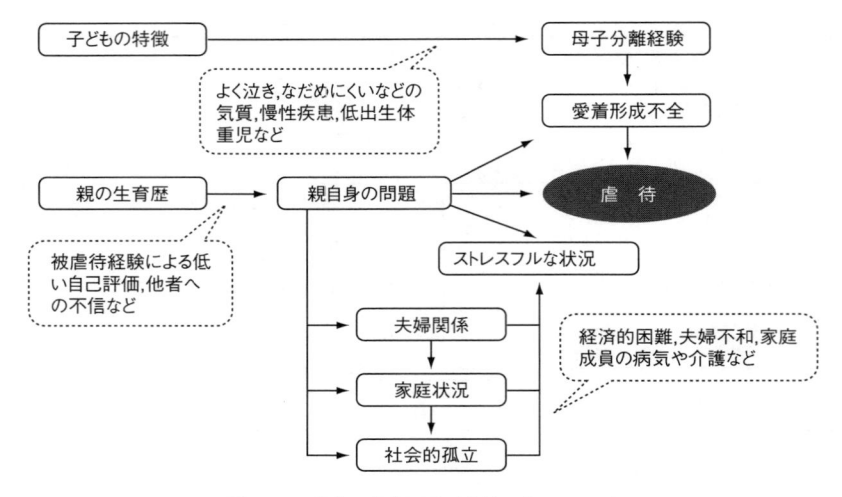

図 4 -10　虐待の発生要因（高橋・庄司，2002）

雑な要因がみえてくる。こうした個々の状況に対応して，気軽に相談をする機会や，家庭内でのコミュニケーションの改善，個々の子どもにあった特別な子育て支援サービス，経済的支援なども組み合わせて，実践は展開されなければならないことがわかるであろう。

2——児童虐待と保育士の役割

(1) 児童虐待対策の仕組み

　児童虐待に対しては，予防レベル，支援レベル，保護レベルと，重層的な対策が組まれるようになっている。従来，虐待が発生するリスクの高い家庭，あるいはすでに虐待が発生している家庭に対しては，児童相談所が中心となって，子どもの保護や支援計画の立案等を展開してきたが，虐待対応に加わる児童相談所の負担が膨大なものとなってきたため，2004（平成16）年の児童福祉法および児童虐待防止法改正において，市町村に児童相談の一義的窓口を設置することとし，虐待通告の受理を市町村でも行なえるようにした（図 4 -11）。したがって今後は，児童相談所とともに，市町村における虐待対応能力の向上も図られなければならないと考えられるようになっている。

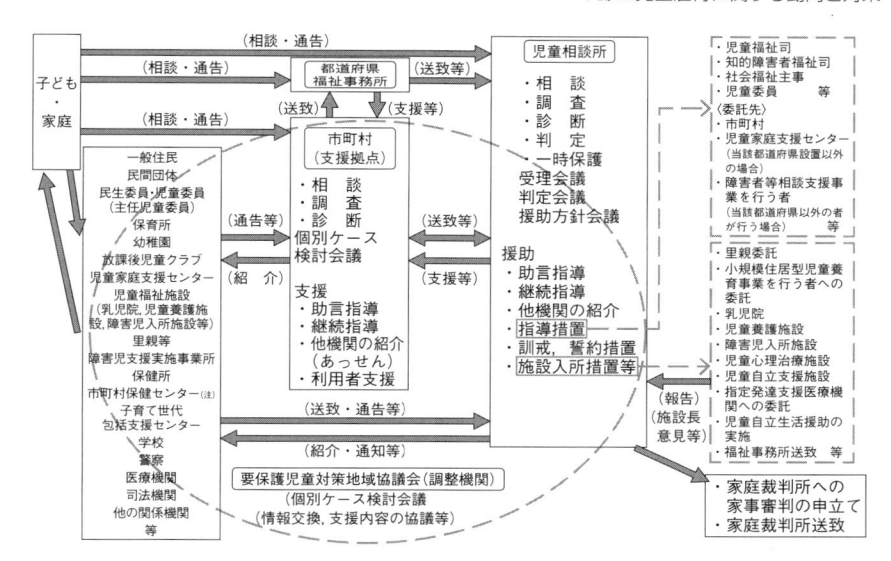

注）市町村保健センターについては，市町村の子ども家庭相談の窓口として，一般住民等からの通告等を受け，支援業務を実施する場合も想定される。

図4-11　市町村・児童相談所における相談援助活動系統図

（2）児童虐待対策における保育士への期待

　とくに保育所や放課後児童クラブで勤務する保育士は，子どもたちの異変（表4-8）に気づき，児童相談所と協力しながら児童虐待ケースに適切な介入をするところで大きな役割を果たしていることが知られるようになっている。保育士は，子どもの福祉を守るため，介入システムの初期段階である通告の仕組みを理解しておくことや，調査段階において児童相談所が適切な判断を下せるように情報提供したりすることで，児童虐待からの子どもの救出や，適切な子育て環境の確立に資することが求められているのである。

　以下，保育士の活動例をとおしてこのことを理解していきたい。なお，社会的養護における保育士の業務の概要については第4節で述べたので，ここでは地域の保育所で働く保育士に焦点をあてることとする（放課後児童クラブで勤務する場合もこれに準ずる）。

表4-8　虐待のサイン（全国社会福祉協議会・全国保育協議会，2002）

利用者	留　意　点
乳　児	○表情や反応が乏しく笑顔が少ない ○いつも不潔な状態にある ○不自然な傷がある ○特別な病気がないのに体重のふえが悪い ○おびえた泣き方をする ○予防接種や健康診断を受けていない等
幼　児	○不自然な傷や同じような傷が多い ○傷に対する親の説明が不自然である ○身長や体重の増加が悪い ○不自然な時間の徘徊が多い ○衣服や身体がいつも不潔である ○他者と上手くかかわれない ○他者に対して乱暴である ○基本的な生活習慣が身についていない ○衣服を脱ぐことに異常な不安をみせる ○他者との身体接触を異常に怖がる ○年齢不相応の性的な言葉や性的な行為がみられる
学　童	○態度がおどおどしている ○家に帰りたがらない ○傷や家族のことに関して不自然な答えが多い ○うそが多い ○性的なことで過剰に反応したり不安を示す

事例　保護レベル

　ひまわり保育園の園長のところへ，かつて通所していたE子ちゃんに関することで児童相談所から連絡があった。聞けば，E子ちゃんの家庭に関して虐待の通告があったのだが，通所していたころに，E子ちゃんや保護者の方に何か変わったところはなかったかということであった。E子ちゃんは，下着を着替えてこないことがよくあり，あざをつけて登園してくることもあった。また送迎に来るお母さんがいつも抑うつ的な表情をしていたので，保育園としても気にかけていた家庭であった。児童相談所は，保育園でのE子ちゃんの情報をもとに，実際に虐待が発生している可能性が高いと判断し，優先順位の高いケースとして迅速に対応し，その結果，E子ちゃんを保護することができた。

事例　支援レベル

　ひまわり保育園では，通所しているF子ちゃんについて，職員会議で話題となることが多かった。ほかの子どもに嚙みついたりすることがあり，少し気になるところが多い子どもだったのだ。また，F子ちゃんには知的障害の疑いが

あり，保護者が育てにくさを感じていることは想像にかたくなかった。保育園では，虐待が発生していることも考え，Ｆ子ちゃんの送迎をしながら，家族全体を見守ることにした（このような提案がすんなりできたのは，保護者が病弱であるという背景があった）。最初は緊張していた保護者（この場合は母親）も，だんだんと担当保育士とＦ子ちゃんとのかかわりを見ながら，障害をもつ子どもとの遊び方などを覚え，子どもと楽しい時間を共有することを体験的に知り始めたようであった。のちに，この保護者は，実は保育園に通い始めたころは，どうやって子どもと遊べばいいのかわからず，イライラして子どもにつらくあたることがあったという。保育士が虐待傾向にある保護者を責めたりせず，ただ傍らにいて子どもの肯定的側面を引き出していったことで，支援をしたケースである。

事例　予防レベル

ひまわり保育園は，ベッドタウンとして急成長している街にあったため，知人もないまま他所の土地から引っ越してくる家族が多く，子育てに困ったときに相談する場所がないという調査結果が市の社会福祉協議会から出されたことを受けて，保育園として地域の保護者たちを支える手段を整えようということになった。ベテランの主任保育士が中心となって，手始めに講演会を開催し，そこでチラシを配って，子どもに関心のある人たちが集まれる場をつくることを周知した。地域の保健センターなどにも情報を流したところ，20人ほど希望者が集まり，そこで子育てについての勉強会を，月に１回のペースであったが立ち上げることができ，地域の保護者の方たちがどういうことで困って子育てをしているのかを知り，また助言する機会とした。

(3) 地域ネットワークの重要性

こうした例を読むと，保育士が単独でケースにあたっているようにみえるかもしれないが，実際には単一機関で虐待ケースにあたることはむずかしく，時には子どもを危険な状態に追い込んでしまいかねないことが知られるようになっている。そのために，2004（平成16）年に行なわれた児童福祉法改正で要保護児童対策協議会が法定化され，関係機関が顔をつき合わせながら，虐待ケースへの対応・支援方法の具体的検討がなされるようになっている。

地域ネットワークを充実するためには，保育所内外で人間関係を良好にし，共通の目標を設定すると同時に，互いの機関の事情（与えられている権限や業務の実際など）を理解して，仕事を進めるうえでのルールを機関間で形成することがたいせつである。実践にはマニュアルだけで解決できる問題などないが

ゆえに，そうした具体的な問題解決を支援するネットワークを構築しておくことの重要性をよく理解しておくべきである。

7節 学校生活環境の動向と福祉サービス

1——学校生活の状況

（1）学校生活を理解するということ

　本節では，学校（初等中等教育機関）における子どもたちの福祉について考えてみる。この領域については，あまり福祉関係者からも具体的な研究がなされずにきた。しかし，学齢期にある子どもたちにとっては，学校という場で過ごす時間は一日の大半を占めており，そこでの生活の質を問題にすることは，もっと積極的に行なわれていいだろう。

　学校は教育を目的とした機関である。そこでは，教育的な効果を最大限にするために，建物がつくられ，プログラムが練られ，教員の資格要件が整えられている。そして，この試みは，歴史的にみて，きわめて効果的に機能した。学校で学ぶことのたいせつさが多くの国民に理解され，家庭や私塾でのみ教育を受けることは非常識とさえされるようになったのである。

　しかし，社会がより複雑なものとなり，さまざまな学びがさまざまな場所で行なわれるようになってきた。たとえば，性教育というのは，性に関する情報が社会のなかに多く入り込むようになって，性に関する正しい情報が学校で伝えられなければならないとされるようになって生まれたものである。しかし，社会が複雑化するなかで，性に関する唯一正しい知識を学校が独占的に有するなどということは非現実的なこととなってきた。学校外で性的なアピールをすることがオシャレであると宣伝され，そのようなスタイルをもった自分と同年代の人たちがメディアに出ているとなれば，学校で教わることなど，ひとつの情報としてしか価値をもたなくなってしまう。

　こうして，学校で提供するものが必ずしも正統であるとか唯一であるとはいえなくなってくると，必然的に学校の価値は低減する。その結果，規範（ある価値に基づいた考え方や感じ方などの枠組み）を失った学校生活は混迷するこ

とになる。

　その一方で，地域社会のなかでは，障害のある子どもや外国にルーツをもつ子ども，生活が困窮した状態で暮らす子どもなど，その生活実態が多様化している。学校サイドでは，特別支援教育等の充実を図るなどしてきたが，限られた教職員数で，子どもたち一人ひとりの特性や生活をトータルに把握して支援するのは簡単なことではない。この意味でも，今の学校は，機能不全を起こしやすくなっているといわざるをえない。

（2）生徒指導上の諸問題

　学校においてとくに支援が必要なケースは，生徒指導上の諸問題として統計がとられている。ここでは，現在確定値が発表されている2017（平成29）年度の統計を参照し，学校において発生している代表的諸問題（暴力状況，いじめ，不登校）の概況を把握したい（文部科学省，2018）。

①暴力状況

　「暴力状況」とは，「自校の児童生徒が，故意に有形力（目に見える物理的な力）を加える行為」をさす。「対教師暴力」「生徒間暴力」「対人暴力」「器物損壊」の4形態に分類されている。

　統計をみると，国公私立小・中・高等学校に在籍する子どもたちが引き起こしたものは6万3,325件（学校管理下6万197件，学校管理下以外3,128件）であった。

②いじめ

　「いじめ」とは，「児童生徒に対して，当該児童生徒が在籍する学校に在籍している等当該児童生徒と一定の人間関係のある他の児童生徒が行なう，心理的または物理的な影響を与える行為（インターネットを通じて行なわれるものも含む）であって，当該行為の対象となった児童生徒が心身の苦痛を感じているもの」のことであり，その発生場所は学校の内外を問わないものとして件数が把握されている。

　国公私立の小・中・高等学校および特別支援学校におけるいじめの発生件数は，41万4,378件であった。そのうち，約32万件が小学校から報告されたものであった。

③不登校

　「不登校」とは，「何らかの心理的，情緒的，身体的，あるいは社会的要因・背景により，児童生徒が登校しないあるいはしたくともできない状況にあること（ただし，病気や経済的な理由によるものを除く）」をいう。

　2017（平成29）年度に30日以上欠席した国・公・私立の小・中学校における不登校児童生徒は14万4,031人であった。不登校児童生徒数を学年別にみると，学年が上がるにつれ多くなり，中学3年生で最も多くなっていた。

　以上が生徒指導上の諸問題の現況である。しかし，実際のケースをみると，いじめは生徒間暴力，その被害を受けた子どもの不登校，そしてここではふれていないが学級崩壊と深く関係していることが少なくないようである。場合によっては，特別支援教育の対象となるような発達障害が子どもに確認できる。すなわち，これら諸問題に巻き込まれている子どもたちのおかれている状況をみると，学校内外の各種問題が積み重なっている様相が確認される。

　現在の教員加配状況等，学校における職員配置をふまえると，既存の学校職員だけでこうした複雑な問題をアセスメントし，支援計画を立案・実行していくことはきわめて大きな負担になるものと思われる。学校は基本的にすべての子どもたちが通う場所でもあり，今以上に，子どもたちに教育のみならず，心理社会的サポートを提供するような豊かな環境に変わっていかなければならないだろう。

2──スクールソーシャルワーク・サービス

(1) スクールカウンセリングの導入

　学校生活から子どもたちがより多くの利益を得ようとしないことが明らかになりつつあることから，文部科学省では，1995（平成7）年度から，臨床心理学に基盤をおく対人援助専門職であるスクールカウンセラーの導入を試みている。この試みが開始されてから，カウンセラーたちは，活動指針の作成等，内部努力を重ねてきた。そして，スクールカウンセラーが配置された学校では，校内暴力，いじめ，不登校のいずれも減少傾向がみられることが明らかにされてきた。その結果，後述するスクールソーシャルワーカーと並び，学校制度において確たる地位を築くようになっている。

（2）スクールソーシャルワークの導入

　しかし，カウンセラーが導入されたときに，本節で問題にしている学校生活は変わっていくのであろうか。福祉専門職が頭に入れておくべきは，少なくとも伝統的なカウンセリングのプロセスそのものは，学校やそれを取り巻く生活を形成する環境全体をカバーするものではないということである。換言すれば，心理臨床の専門家に心の問題を解決してもらうということは，いじめも不登校も心の問題だとして処理してしまい，社会全体の変動のなかで学校をとらえていく努力を軽んじてしまう危険性があるということだ。

　こうした問題意識のもと，1990年代以降スクールソーシャルワークに期待する人たちが現われている。スクールソーシャルワークとは，学校生活でなんらかの困難を抱えている子どもたち（いじめ，非行，不登校など）について，問題の原因を子どものみに求めるのではなく，「学校，家族，地域社会などがその子どものニーズに対応していない結果として，問題が生じているのではないか」という発想から見立てをし，援助計画の立案・実行を進める専門的活動である。具体的には，子どもの潜在的な力にはたらきかけて，環境変化に対処する力を強化していくこともあれば，子どもの環境の側にはたらきかけて，子どものニーズを充足していくこともある。時には，フリースクールなどを立ち上げて，子どもたちにあった環境を新たに形成することも行なう。いずれにしても，子どもを問題解決の主体として尊重し，パートナーシップのもとに最善と思われる生活環境を模索するものである。

事例　G君のケース

　G君は，母親とのふたり暮らしである。母親がパートタイムで働いているものの，経済的に恵まれず，生活保護を受給しながら生計をたてている。母親は，精神的に抑うつ的になりがちなところがあり，そういう状態のときにはG君に依存的な傾向が現われるようであった。

　小学校のころから，不登校傾向があったが，中学校に入学してからは本格的に学校へは足を向けなくなった。心配した学校が，教育委員会に所属するスクールソーシャルワーカーに連絡をし，スクールソーシャルワーカーが家庭訪問を行なった。G君は家庭訪問をとくに拒むことなく，ワーカーとは音楽の話など，いろいろな話をすることができた。家庭訪問を重ねるうちに，学校で黙って座って，よくわからない一斉授業につきあうのは苦痛だが，新しいことを学びたいという気持ちがあることがわかったため，学習ボランティアを派遣する

ことにした。

　G君がこのように家族以外の人たちと話をするようになってからは，ワーカーの紹介した児童館にも顔を出すようになり，自分の勉強を進めたり，児童館で友だちをつくって，いっしょにあそびに行ったりするようになった。自分のペースではなく，あらかじめ決められたカリキュラムのもとで学習をしなければならず，また集団からのストレスも強い学校とは違う場所で，自分に適した居場所を見つけることができたようだった。

　家庭内の状況はまだ改善していないものの，ワーカーが仲介することで学校側もG君の状況を理解するようになり，また，福祉事務所の生活保護担当ワーカーには経済生活での援助を，精神保健福祉センターのワーカーには母親への精神保健上の援助を担ってもらうことで，総合的な家庭支援が展開され始めているところである。

　この例からわかることは，①G君の不登校の理由を環境との相互作用という観点から理解をしていること，②G君の成長・発達ニーズを学校で充足するこ

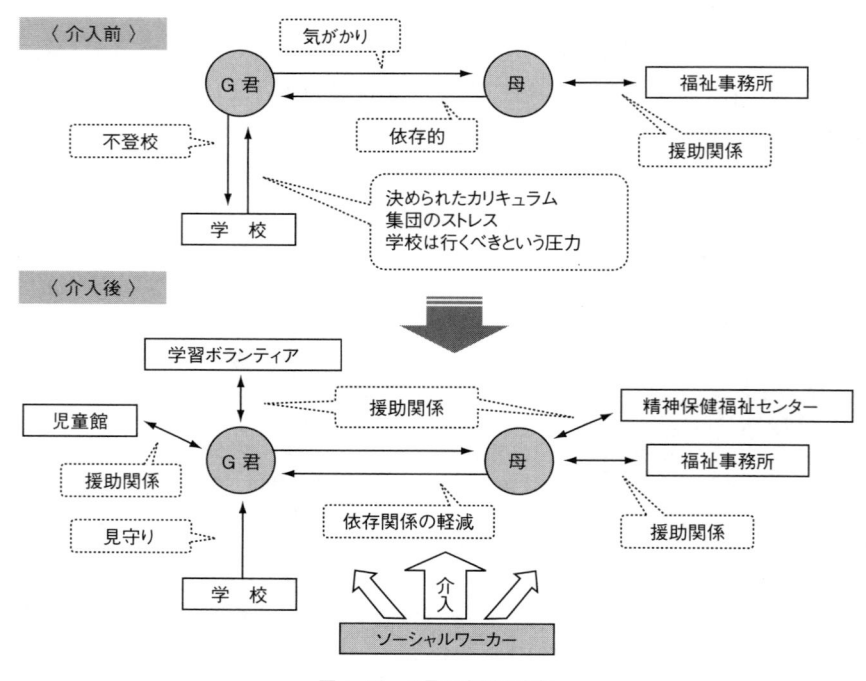

図4-12　G君の事例の変化

とを前提とするのではなく，個別性を重視しながら最適なかかわりを求めていく柔軟性があること，そして，③G君とカウンセリングをするだけでなく，環境的要素を変えることでG君とその家族が今までとは違った行動パターンがとれるようにしていることである。子どもと環境との相互作用に焦点をおき，子どもたちの最善の利益を模索すると，子どもの内面に焦点をおくカウンセリングというプロセスとは大きく異なる展開を示すことになる（図4-12）。

(3) スクールソーシャルワークの制度化

わが国では，1990年代以降，各地でスクールソーシャルワーク研究会が活動するようになり，その後，NPO法人スクールソーシャルワーク協会や日本学校ソーシャルワーク学会という全国組織が立ち上げられている。これら団体に所属する会員が中心となり，数多くの書籍も発刊されるようにもなっている。

こうした動向を受けるかのように，大阪府や香川県など，複数の自治体で独自にスクールソーシャルワーカーを雇用するようにもなり，2008（平成20）年度からは，文部科学省が「スクールソーシャルワーカー活用事業」（文部科学省，2008b）を開始することで，国レベルでの制度化が実現された（2019年度までにすべての中学校区への配置が行なわれることが目標となっている）。

この事業は，「児童生徒の問題行動等の状況や背景には，児童生徒の心の問題とともに，家庭，友人関係，地域，学校等の児童生徒が置かれている環境が複雑に絡み合っているものと考えられる。したがって，児童生徒が置かれている様々な環境に着目して働き掛けることができる人材や，学校内あるいは学校の枠を超えて，関係機関等との連携をより一層強化し，問題を抱える児童生徒の課題解決を図るためのコーディネーター的な存在が，教育現場において求められている」という認識に基づくもので，以下の5項目が職務内容とされている。

①問題を抱える児童生徒が置かれた環境への働き掛け
②関係機関等とのネットワークの構築，連携・調整
③学校内におけるチーム体制の構築，支援
④保護者，教職員等に対する支援・相談・情報提供
⑤教職員等への研修活動

こうした内容からすると，社会福祉専門職がスクールソーシャルワーカーとして充当されることが適当であると考えられるが，文部科学省（2008c）では，

「スクールソーシャルワーカーの職務上，社会福祉の専門性を有していることは望ましい」とする一方で，「教育現場における実績や経験等を有することもスクールソーシャルワーカーの重要な要素」であると述べ，具体的な任用のあり方に含みをもたせている。すでに事業はスタートしているが，社会福祉の専門性と教育現場で具体的にアクションを起こせる実績の双方を兼ね備えた人材が限られていることから，その人材確保のあり方は実施自治体ごとにバラバラな状態である。

 研究課題 ─────────────────────────────

1. 少子化の進行と保育をめぐるさまざまな動向について考えてみよう。
2. 社会的養護が必要な子どもたちの援助のありかたについて考えてみよう。
3. 児童虐待の背景とその予防策についてグループで話し合ってみよう。

推薦図書 ─────────────────────────────

● 『子どもの生活と援助』 長谷川眞人・他 ミネルヴァ書房
● 『障害乳幼児の療育・保育』に 茂木俊彦 三友社出版
● 『学童保育のハンドブック』 全国学童保育連絡協議会（編） 一声社
● 『問題点てんこもり―障害者自立支援法地域の暮らし，あきらめない』 DPI日本会議
　解放出版社
● 『フランスの子育てが，日本よりも10倍楽な理由』 横田増生 洋泉社

Column 4

スウェーデンの父親と育児休暇

　厚生労働省は，2002（平成14）年「少子化対策プラスワン」をまとめ，家庭や地域の子育て力低下に対応して，家庭を地域全体で支援する方向性を決めた。それにともない，2003（平成15）年には「次世代育成支援法」を制定し，具体的な行動計画を示すこととした。その４つの柱のひとつとして，「男性を含めた働き方の見直し」をあげ，2007（平成19）年には，ワーク・ライフ・バランス（仕事と生活の調和）について言及している。とくに，子育てをする世帯の仕事と家事・育児とのバランスについて，日本では仕事に比重が多くかかっており，とくに男性はその傾向にある。

　日本では，男性の家事・育児時間は非常に短く，６歳未満の子どもがいる家庭では，育児の時間は33分，家事全体の時間は１時間であり，諸外国と比べてもかなり低い。長いのは，アメリカの３時間30分，次いでスウェーデンの３時間21分である。

　筆者は，スウェーデンの保育，学童保育を研究して久しいが，数年前，スウェーデンのある学童保育に同行した同僚が，「お父さんのお迎えが多いですね。しかもこんな早い時間に」と言った。たしかに，スウェーデンの学童保育所のお迎えは，父親５割，母親５割といったところである。なぜだろうか。

　スウェーデンでは，育児休暇が充実しており，ほとんどの父親は育児休業をとらなければならない。

　そこで，筆者の友人であり，１歳３か月になる娘の育児のために育児休暇をとっているＡ氏に子育てに関するインタビューを試みた。Ａ氏の職業は，新聞記者，年齢は30代半ばである。

　1．父親と母親のどちらが育児休暇をとるか話し合いましたか？
　　Ａ：もちろんです。私たちは，育児を半分半分で負担しあおうと決めました。なぜならば，男性と女性は平等だからです。
　2．それでは，なぜ，話し合いの結果，父親が育児休暇をとるとこになったのですか。
　　Ａ：なぜならば，娘の成長に対して，父親としての責任を果たすことが人として重要だと考えたからです。
　3．育児休暇中でたいへんなことは何ですか。
　　Ａ：経済面ですね。私の場合はキャリアの中断もそうです。あとは……いい父親になれるかというプレッシャーです。

4．育児休暇のよい点は何でしょうか。

A: そうですね。スウェーデンという国は，子育てをするのに非常によい国で，この制度が活用できることが一番よいことです。

5．公園や子育てセンターなどで，ほかの子ども連れのお父さんと話をしたり，交流がありますか。

A: ええ，多くの父親が子どもが１歳半くらいまで，育児休暇をとっていますからね。

6．ところで，今までにどこかで，オムツ換えや離乳食の作り方など子育てに関することを学んだり講習を受けたりした経験は？

A: ありませんよ。それは，母親だって同じでしょう。

7．育児休暇の期間と保障額を教えてください。

A: 15か月です。私の場合は，４か月間は80パーセントの保障があります。そのあとは，１か月１万5,000クローネの保障です。

8．では，最後に日本では，男性が育児休暇をとることは稀ですが，日本のお父さんにたちに向けて，育児の楽しさを語ってください。

A: 女性と男性が平等に育児をすることで，子どもとのよい関係が築けるし，パートナーとは，今まで以上によい関係が築けます。仕事から離れて育児をすることは，本当に楽しいですよ。

（2019年９月現在１スウェーデンクローネは約11円）

子育ての社会史

　子どもたちの犯罪等の諸問題が大々的に新聞報道されるなかで，家庭の教育力の低下が指摘されている。しかし，教育史学者の広田（1999）によれば，もともと日本人はそれほどしつけというものに関心をもってはいなかったという。広田は，しつけは労働に関するものが中心で，家の中の仕事をしてさえいれば，別に注意を受けなかったことを歴史的資料から明らかにしている。

　しかし，大正時代以降，徐々に子どものためによい環境をつくることが親の務めだという教育学的言説が広まるようになり，童心豊かである一方で，作法に厳格で，学歴もあるという「パーフェクト・チャイルド」をめざそうという動きが顕著になり始めた。そして，親は親で，そうした子どもを育てる力量をもった「パーフェクト・ペアレンツ」になるべく，育児書などを熱心に読むようになった。そして，高度成長期において，この転換は全国的に完了することになる。日本人が子どもにこと細かに注意を向けるようになったのは，ほんの数十年前のことなのである。

　こうした歴史的な認識にたつと，日本人のしつけは低下したのではなく，むしろ完璧さをめざして過熱してきたのだとわかる。しかし，人間の営みにおいて，パーフェクトなことなど，そうそうあるものだろうか。昨今，虐待が社会問題化しているが，何か外在的にある「よい親（パーフェクト・ペアレンツ）」を基準にして，「自分はダメな親ではないか」という不安を感じつつストレスを溜め込んでしまい，結果，子どもとの関係を悪くしてしまう保護者も少なくない。一方，親の望む「パーフェクト・チャイルド」になろうとしてなれずに苦しんでいる子どもたち（アダルト・チルドレン予備軍）も多いように思う。

　近年では，保育所や学校などに過剰な要求をつきつける「モンスター・ペアレント」が社会問題化しているが，もしかすると，こうした（時には歪んだ）「育児熱心」「教育熱心」な親のあり方も，この「パーフェクト・ペアレンツ」の延長線上にあるのかもしれない。いずれにせよ，保育士として子ども家庭支援を展開するにあたっては，「よい親（あるいは子ども）になれないことがいけない」と考えるのではなく，「なぜそれほどまでによい親（子ども）にならなければならないと考えてしまうのか」ということをいっしょに考え，「今のあなたで OK なんだよ」「これ以上がんばらなくていいんだよ」というメッセージを伝えていくこともたいせつであろう。

第**5**章
国際社会と子ども家庭福祉

　21世紀は子どもたちの輝かしい未来や平和な世界を期待する間もなく，悲惨なテロ行為や戦争で幕を開けることになった。戦渦のなかを泣き叫ぶ子ども，お腹がすいて衰弱している子どもなど，世界を見渡せば子どもたちの状況はさらに悪くなっている。児童家庭福祉を考えるときに国内だけでなく国際的な文脈のなかで地球上すべての子どもたちを視野にいれ，思いを馳せることがたいせつである。

　本章では，国際社会における子ども家庭福祉の課題を2つの視点から考える。ひとつは，国境を越えて普遍化している児童家庭福祉の課題である。先進諸国と発展途上国の貧富の格差やくり返される武力紛争などの社会的経済的な諸課題が，いかに子どもの福祉を脅かしているのかについて考える。もうひとつは，国境を越えた人々の移動がもたらした日本国内の国際化によって生じる福祉課題，とくに外国人の子どもの福祉について考える。そして，これらに対する国際社会や日本社会の対応や課題について明らかにする。

①節. 地球規模で考える子どもの福祉

　地球上のすべての子どもたちの生存，生活そして発達の権利は保障されているのだろうか。毎日の食糧，医療，教育，住居などの基本的ニーズが十分に満たされていない子どもたち，また大人の武力紛争に巻き込まれ生存を脅かされている子どもたちが大勢いる。ここでは，諸悪の最たる「飢餓・貧困」と「戦争（武力紛争）」を取り上げ，多くの子どもが犠牲になっている現状にふれながら，これらの課題についての国際社会の取り組みを概観する。

1──「飢餓・貧困」と「戦争（武力紛争）」から生じる子ども家庭福祉の課題

(1) 飢餓・貧困と子どもたち

　歴史をふり返れば社会福祉は常に「飢え」や「経済的な貧しさ」と向き合ってきた。かつて日本もこれらの課題に悩まされてきたが，今や経済大国となり飢餓・貧困問題は見失われつつある。しかし世界にあてはめてみるとどうであろうか。世界の人口数は70億人を超え，「世界食糧安全・栄養白書」（FAO，2018）によれば，約8億2,100万人の人々，9人に1人が十分な食糧を得ることなく慢性的な栄養不良で苦しんでいるという。5歳未満の子どもの死亡数は540万人（2017年）にのぼっているが，死亡原因の多くは感染症であり，栄養不足が関係している。慢性的な栄養不足はビタミンAなどの栄養素不足をともない，感染症に対する抵抗力を弱め，さまざまな病気や障害，発育不良を引き起こす。また食糧だけではなく，8億4,400万人もの人々が安全な飲料水を利用できず，多くの子どもが下痢による脱水症で死亡している。

　緊急的なニーズの上に，子どもの貧困問題も深刻である。ユニセフ・世界銀行グループ（2016）の報告によれば，1日1.9ドル未満で暮らしている極貧状態にある人々は，約7億6,700万人，そのうち半数は子どもたちであり，また1日3.1ドル未満の家庭に暮らしている子どもたちは，世界の約45％といわれている。子どもたちは生きるために，家族を養うためにあるいは家族の借金の返済のために働かざるをえない。世界の子ども（5〜17歳）のおよそ1億5,200万人，すなわち10人に1人の子どもが児童労働に従事しているといわれている。多くは農園や工場など安い賃金の劣悪・危険な環境のなかで過酷な労働を強い

られる。また家庭崩壊などの原因も絡んで路上を生活の場とするストリートチルドレンは，物乞い，行商，靴磨き，清掃などでかろうじて身を立てているが，路上生活は犯罪や薬物，事故などの危険が潜んでいる。さらに貧困問題は子どもをお金で買うといった人身売買（トラフィッキング）の問題を引き起こし，とくに近年は先進諸国の男性による開発途上国の子ども買春の問題が浮上し，多くの子どもたちが商業的性的搾取に苦しめられている。性的搾取によって子どもは精神的な屈辱だけではなく，性感染症や HIV（Human Immuno-deficiency Virus：ヒト免疫不全ウイルス）／エイズ（AIDS；Acuquired Immuno Deficiency Syndrome：後天性免疫不全症候群）感染に侵され身体的にも蝕まれていくのである。

　子どもたちは「子ども時代」を過ごすことができないばかりか，大人になるための教育や職業訓練などの知識や技能を身につけることなく，毎日危険と隣り合わせで生きている。世界にはすべての人々のための十分な食糧があるといわれている。人間のエゴが食糧の配分を狂わせ，持たざる者と持てる者との格差を生んでいること，そして貧困問題は子どもの人権と深くかかわっているという認識が必要である。

(2) 戦争（武力紛争）と子どもたち

　まるで映画の戦闘シーンのようにテレビ映像は本物の戦争を生々しく映し出した。夢や希望を抱いていた21世紀は，2001（平成13）年のアメリカの同時多発テロをはじめとしてアフガン空爆そしてイラク戦争など最悪なスタートとなった。しかし実際は国家間の戦争だけではなく，アフリカやアジアを中心とする世界各地で宗教，部族，民族対立，勢力闘争などの内戦・地域紛争は日々起こっている。国際的な子ども支援団体セーブ・ザ・チルドレンの報告書「子どもに対する戦争—武力紛争下の子どもたちへの暴力を終らせる」（2018）は，全世界で少なくとも３億5,700万人の子どもたちが，すなわち世界で６人に１人の子どもが，紛争の影響を受ける地域に暮らしていることを明らかにしている。

　戦争は福祉の最大の敵といっても過言ではない。戦争は人々の命を奪い，環境を破壊し，住む土地を奪い，貧困へと陥れる。とくに武力紛争によって多くの子どもたちが犠牲になってきた。爆撃等による直接被害に加え，親を亡くし

て孤児となる子ども，地雷で命を失ったり重度の障害を負う子ども，そして少年兵として戦場に駆り出される子どもは後を絶たない。銃の軽量化や容易な組み立てにより，多くの子どもが武器を扱えるようになり，子ども兵は安価で従順な消耗品として利用されるようになった。一方，少女たちは兵士の性的搾取の犠牲となっている例も多い。武力紛争は，身体的な障害のみならず，紛争での恐怖，家族を失った悲しみ，相手への憎悪など多くの精神的な深い傷跡を残すが，心理的なトラウマを抱えている子どもも少なくない。生まれたときから紛争が日常化している国では，子どもたちは平和や安全な暮らしを知ることなく，毎日危険や恐怖にさらされ，紛争をくり返す道具として殺戮の渦に巻き込まれているのである。さらに戦争はその一時期にとどまらず，長い将来にわたり二次的な被害を残す。日本の原爆による放射能汚染，ベトナム戦争での枯葉剤，そして湾岸戦争やイラク戦争で使用された劣化ウラン等によって，子どもたちが奇形や先天性の障害をもって生まれ，ガンや白血病などの病気に今なお苦しめられているのだ。

2 ── 国際社会の対応

(1) 国際機関の取り組み

　国際社会で起こっているさまざまな問題に対処している最大の機関は国際連合（国連）である。国連は第二次世界大戦後，再び戦争を起こさないように世界の国々が協力し平和と安全を維持するために設立され，1948（昭和23）年には地球上のすべての人々の人権を保障する世界人権宣言を採択した。2000（平成12）年には国連ミレニアム・サミットが開催され，平和と安全，開発と貧困，環境，人権とグッド・ガバナンス（良い統治）などをテーマに21世紀の国連の役割の方向性が示された国連ミレニアム宣言が採択されることになった。そして人間開発（Human Development）を推進するために国際社会の支援を必要とする喫緊の課題（貧困と飢餓の撲滅，普遍的初等教育の達成，女性の地位向上，乳児死亡率の削減など）に取り組んでいく行動指針としてのミレニアム開発目標がまとめられた。この開発目標は2015（平成27）年までの達成目標値が示されたが，引き続き「持続可能な開発目標（SDGs: Sustainable Development Goals）」として見直され，2016年から2030年までの達成目標が新たに打ち立て

られた。SDGs は，持続可能な世界を実現するための17のゴール，169のターゲットから構成され，地球上の誰一人として取り残さない（leave no one behind）の理念のもとに，発展途上国のみならず先進諸国も同様にそれぞれの課題に取り組んでいる。

国連は子どもの人権や福祉を保障する世界全体に共通する普遍的な理念として「子どもの権利に関する条約」を提唱しているが，この理念にのっとり子どもの問題に専念する国際機関がユニセフ（UNICEF：国連児童基金）である。ユニセフは，第二次世界大戦で被災した子どもたちの緊急援助を目的に1946（昭和21）年に創設された。その後，とくに開発途上国の子どもを対象とする社会開発の活動を中心としながら，世界190以上の国と地域で，子どもたちの生存と健やかな発達を守るため，保健，栄養，安全な水と公衆衛生，教育などの支援事業を行なっている。たとえば予防接種のキャンペーンやその実施，ビタミンA補給剤の投与，経口補水療法の実施，殺虫処理がされた蚊帳の配布，コミュニティを基盤とする包括的乳児ケア・プログラムの強化などの活動を展開している。

子ども兵の問題では，2002（平成14）年に18歳未満の子どもの強制的徴兵や戦闘行為への参加を禁止することを定めた「武力紛争への子どもの関与に関する子どもの権利条約選択議定書」が発効された。ユニセフは子ども兵を除隊に導いたり，家族との再会を支援したり，元子ども兵に教育，カウンセリング，レクリエーション，職業訓練などを提供している。

また子どもの買春問題では「子どもの商業的性搾取反対世界会議」が1996（平成8）年にストックホルムで，2001（平成13）年に第二回が横浜で開催され，たんなる啓発活動にとどまらず，国際社会が協力して取り組むべき具体的な課題が明らかにされた。日本でもこれを受けて1999（平成11）年11月に「児童買春，児童ポルノに係る行為等の処罰及び児童の保護等に関する法律」が施行されることとなった。

児童労働については，ユニセフと並んで国際労働機関（ILO）も積極的に取り組んでいる。ILO は，労働問題を扱う国連の専門機関であるが，1992（平成4）年から児童労働撲滅国際計画（IPEC）を開始し児童労働の廃絶にむけて88か国でプログラムを実施している。たんに労働現場から児童を追い払うだけ

では，子どもあるいはその家族の困窮した生活問題が改善されるわけではないので，親の雇用の確保，子どもの就学支援および職業訓練などの現実的なプログラムを提供している。2000（平成12）年には債務に束縛され，奴隷に値する労働，性的搾取などの最悪な児童の労働形態の廃絶を訴えた「最悪の形態の児童労働の禁止及び撤廃のための即時の行動に関する条約」（第182号）が発効された。ILO は，2002（平成14）年には 6 月12日を児童労働反対世界デーと定め啓発活動につとめるとともに，4 年に 1 回，世界の児童労働の現状を伝える報告書を発行している。

その他に児童家庭福祉に関連のある国際機関として，飢餓対策については国連食糧農業機関（FAO），医療，母子保健等については世界保健機構（WHO），難民支援・保護については国連難民高等弁務官（UNHCR）が支援をしている。

(2) 国際的 NGO

一方，国際連合とともに国際社会の問題解決の担い手として近年注目されているのが国際的 NGO である。日本でもとくにアフガニスタンやイラクの復興支援で NGO の活躍が報道されるようになってきた。NGO（Non-Governmental Organization）は「非政府組織」と直訳されるが，原語をそのまま使用する場合が多い。そもそも NGO は国際連合憲章71条に規定された国連経済社会理事会の協議資格のある民間団体を示していたが，現在は，社会福祉，環境保護，開発，教育，人道支援，人権擁護等の活動を目的とする市民組織の総称とみなされるようになった。NGO について国際的に統一した定義がないので数の把握は困難であるが，日本国際協力 NGO センターがウェブ上で提供している「国際協力 NGO ダイレクトリー」では，国際協力 NGO として350以上の団体が紹介されている。NGO は地理的な活動範囲により，国際的 NGO と国内的NGO に大別され，国際的 NGO は世界全体を対象としている世界的 NGO と，特定の国や地域を対象にする地域的 NGO に分類される。活動内容は広報・啓発，物資・資金の調達，緊急援助，人材育成・職業訓練など広範囲であるが，国際機関や政府の支援と違い，柔軟な対応が可能でありきめこまかいサービスが提供できることが評価されている。

歴史的に古く比較的規模も大きい団体で子どもの福祉分野でおもに活動している NGO としては「セーブ・ザ・チルドレン」「フォスター・プラン」「幼い

難民を助ける会」「国際社会事業団」などがある。

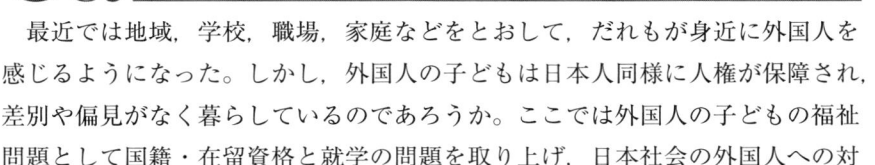

❷節　内なる国際化と子ども家庭福祉の課題

　最近では地域，学校，職場，家庭などをとおして，だれもが身近に外国人を感じるようになった。しかし，外国人の子どもは日本人同様に人権が保障され，差別や偏見がなく暮らしているのであろうか。ここでは外国人の子どもの福祉問題として国籍・在留資格と就学の問題を取り上げ，日本社会の外国人への対応について明らかにする。

1 ──背景

　日本にいる外国人は「出入国管理及び難民認定法」（以下「入管法」）のもとで，日本の入国目的に応じて在留資格が与えられ，中長期的に在留する外国人には，居住地や在留に関する情報が記載された在留カードが交付される。2018（平成30）年末で，日本の在留外国人数は約273万人，総人口の約2％を占め過去最高となった。国籍でみると，中国が最も多く全体の28％を占め，以下韓国，ベトナム，フィリピン，ブラジル，ネパールと続く（法務省入国管理局，2019）。日本の外国人は，戦前からの旧植民地出身者である韓国，朝鮮，中国の人々とその子孫と，1970年代以降に来日したインドシナ難民や1980年代中期以降新しく来日したアジア・南米からの外国人に大別される。しばしば前者はオールドカマー（旧来外国人），後者はニューカマー（新来外国人）とよばれる。ここ30年余で国際化や日本の経済発展とともに日本で就労の機会を求める外国人，留学生，日本人の配偶者等のニューカマーの増加は著しい。とくに1990（平成2）年の改正入管法の実施によって出稼ぎ目的の日系南米人が急増した。さらに，政府は2018（平成30）年12月に入管法を大幅に改正し，外国人労働者の受入れ拡大の方針を打ち出したため，今後ますます日本に滞在する外国人の増加が見込まれる。

　これらの外国人は20〜30歳代が半数以上を占め，彼ら自身の子どもを連れてきたり，あるいは日本で子どもを出生するため，外国人の子どもの数もふえている。文部科学省の2016（平成28）年度の調査によると，公立小・中・高等学

校，中等教育学校および盲・聾・養護学校に在籍する日本語指導が必要な外国人児童生徒数は3万4,335人で，7,020校に在籍している。とくに母語は，フィリピノ語，中国語，日本語，英語の4言語で全体の76%を占めている。日本国籍の児童生徒であっても，海外からの帰国子女や国際結婚による家庭内言語が日本語以外を使用していることもあり，日本語能力に支障がある子どももいる。そのため，外国人の子どもについては，「外国にルーツをもつ子ども」または「外国につながる子ども」として広くとらえる必要がある。

2——外国人の子どもの福祉課題

(1) 国籍・在留資格

　両親が日本人で子どもが日本で生まれた場合，当然のように子どもには日本国籍が与えられるが，外国人の子どもの場合はそうもいかない。親の国籍や在留資格が何かということが重要視され，その結果，子どもの国籍が与えられなかったり，国内の社会保障制度の枠組みから排除されたり，十分な医療ケアや社会的サービスを受けられなかったり，出国を強制されたりするなどの子どもの人権侵害が引き起こされる場合がある。

　無国籍児童について大きく話題となった事件に，長野県のアンデレちゃんの訴訟事件（1992年）がある。日本で出生したアンデレちゃん（父親が不明で母親がフィリピン人らしいが不確定）が，日本在住のアメリカ人牧師の養子となったが無国籍児として扱われたために，国籍確認が裁判で争われ，最終的には最高裁の判決で日本国籍が認められた事件である。日本の国籍法は遺棄された子どもの「父母がともに知れないとき」もしくは「父母が無国籍のとき」以外には原則として日本国籍を与えない。子どもに出生した国の国籍を与える生地主義を採用している先進諸国がある一方で，日本は日本人の血のつながりを重んじる血統主義の立場をとっている。「子どもの権利条約」では出生時から国籍を取得する権利を提唱しているにもかかわらず，日本政府は直ちに国籍付与することについては慎重な姿勢をとっている。

　日本人の国際結婚がふえている一方，日本人男性と外国人女性の間に正式の結婚によらずに生まれた者（婚外子）の父親の認知や国籍取得の問題もあり，フィリピンではとくに日本人の父親に棄てられた日比混血児（JFC：ジャパニ

ーズフィリピーノチルドレン）が社会的に問題となった。さらに，オーバーステイ（超過滞在者）等の外国人が日本で子どもを出生した場合に，不法就労の発覚を恐れて子どもの登録の届け出をしないで，無国籍のまま放置していることについては把握がむずかしい。

(2) 就学の権利

　言語，文化，民族，宗教などさまざまな背景をもつ子どもたちは，教育上特別な配慮を要することが予想されるが，外国人の子どもが学校に行っていない「不就学」の問題が起こっている。今まで不就学の実態は明らかではなかったが，文部科学省は2019（令和元）年に全国の市町村教育委員会を通じて，小中学校に通う年齢の外国籍の子どもの就学状況について初の大規模な調査を実施した。それによれば，不就学の可能性がある外国人の子どもは1万9,654人（小学生1万3,370人，中学生6,284人）であった。不就学の可能性がある子どもとは，不就学が確認できた者，就学状況の確認を試みたが確認できなかった者，教育委員会が確認対象としていないため就学状況が不明な者などをさしている。義務教育年齢に相当する外国人の子ども12万4,029人（住民基本台帳上の数）のうち，不就学の可能性がある子どもは15.8％を占めている。日本の義務教育は外国人の子どもの保護者には適用されないが，外国籍の子どもも教育の機会を逃すことがないように保護者に就学案内の通知を出している。しかし外国人の親の場合は日本語が読めない，出稼ぎが目的で長時間の就労を優先したい，学校へ行くためのお金がない，あるいはいずれは母国に帰国するからといった理由から，子どもの就学を十分考慮しない場合も少なくない。また子どもは日本の学校に通学したとしても，授業についていけない，日本の学校になじめない，いじめや偏見や差別を受ける，短期滞在なので行ってもしかたない等で学校に途中で行かなくなる。とくに日常生活で使用する言語能力を身につけることは比較的容易であるが，教科の学習では漢字，ひらがな，カタカナをとおして理解力を問うので，多くの外国人の子どもたちが文字の習得が困難で授業についていけないことがある。一方，親がオーバーステイの場合は，出入国在留管理庁に通報されることを恐れて子どもを学校に通わせることがむずかしい。「不就学」の問題は，子どもが十分な教育や職業訓練を受けられないばかりではなく，繁華街で犯罪組織や暴力に巻き込まれていく危険性をも含んでいる。

(3) その他

　異なる言語，文化，習慣のなかで社会環境に適応していくために子どもはストレスや困難を抱える一方で，親よりも早く日本語を習得することで親子のコミュニケーションがとりにくくなったり，日本と母国との間でアイデンティティに対する葛藤が生じたりなど家庭内や子ども自身の内面に複雑な心境を抱えている。一方，親の場合はとくに日本語が不十分であれば，福祉，医療，保健サービスの情報へのアクセスがむずかしく，見知らぬ土地での子育ての苦労がある。

3──外国人の子どもへの対応

　日本の児童福祉法は「すべての児童」を対象としており，外国人の子どもも日本人の子ども同様に適用される。したがって国および地方公共団体は外国人の子どもについても育成の責任を負う義務がある。日本では1978（昭和53）年にインドシナ難民の日本定住を許可したことから，社会保障に関連する分野で外国人に対する差別が軽減し，たとえば当時の児童手当や児童扶養手当において国籍要件は取り除かれた。また，2012（平成24）年の住民基本台帳法（住基法）の一部改正と，外国人登録制度の廃止にともない，これまでは1年未満の在留期間の外国人は児童手当の支給対象外だったが，3か月を超える在留資格をもつ外国人も支給対象となった。しかし，子どもが海外に住んでいる場合は，原則として支給対象外である。

　国の取り組みよりは，むしろ切実に外国人を住民として迎えなければならない地方自治体や学校，国際化交流協会，外国人支援のNGO，ボランティア等に積極的な対応がみられる。とくに外国人の住民が多い自治体は顕著であり，相談窓口の設置，複数の言語で書かれた行政サービス案内やホームページの提供，日本語教室の開催，母語を用いた学習支援や生活指導，住民への啓発活動など先駆的な活動を展開している。2001（平成13）年には，とくに日系南米人が多数居住する自治体が集まり，外国人集住都市会議が開催され，外国人住民に係る施策や活動状況に関する情報交換や問題解決に向けての取り組みなどの話し合いが行なわれるようになった。現在13都市が会員となっており，国や県への外国人施策に関する要望や提言なども行なっている。しかし，自治体の姿

勢や地域住民の意識や協力の格差，NGO や市民団体の有無などで，外国人への対応には地域によってばらつきがある。とくに在留資格のない子どもについては自治体によって母子保健サービス（妊産婦検診，母子健康手帳の交付，健康診査，未熟児養育医療）の適用から除外される場合がある。

　2018（平成30）年の改正入管法による外国人人材の拡大受入れにともない，政府は「外国人材の受入れ・共生に関する関係閣僚会議」を設置し，同年「外国人材の受入れ・共生のための総合的対応策」を掲げた。ここでは，生活者としての外国人に対する支援について，次のとおり6つの項目があげられている。①暮らしやすい地域社会づくり（行政・生活情報の多言語化，地域における多文化共生の取組の促進・支援など），②生活サービス環境の改善等（医療・保健・福祉サービスの提供環境の整備等，災害発生時の情報発信・支援の充実，人権問題，生活困窮者相談等への対応の充実，住宅確保のための環境整備・支援など），③円滑なコミュニケーションの実現（日本語教育の充実，日本語教育機関の質の向上・適正な管理など），④外国人児童生徒の教育の充実，⑤留学生の就職等の支援，⑥適正な労働環境の確保，⑦社会保険への加入促進である。今後，地域格差がないように，全国規模で生活者としての外国人への支援が望まれるところである。

❸節　国際社会における子ども家庭福祉の課題

　グローバル化はさまざまな児童家庭福祉問題を引き起こしているが，現状はその対応に追われ多くの課題を残している。21世紀を迎えいっそう国民国家という枠組みを超えて，市民一人ひとりが世界で起こっていることに敏感になり，国際社会における児童家庭福祉の課題に積極的に関与していくことが求められよう。

　そのためには，まず地球市民をはぐくむ教育の普及が重要である。学校教育の現場では，文部科学省は「総合的な学習の時間」を活用して，国際理解，福祉，多文化共生，人権教育などを授業に取り入れるよう推進している。地球上に住む同じ住民の一員として，多様な文化をもつ人々の存在を認めながら，世界のさまざまな問題を理解し，ともに協力し解決の方策を導いていける地球市

民の育成が学校教育や生涯教育の場で期待される。また外国人の子どもについても，教科につながる日本語教育や母語の習得といった言語学習だけではなく，彼らも将来の地球市民社会の一員を担うという認識に立ち，積極的に就学を促進するようなはたらきかけが責務と思われる。文部科学省は，2018（平成30）年に成立した改正入管法をうけ，2019（平成31）年1月に「外国人の受入れ・共生のための教育推進検討チーム」を設置し，外国人の受入れに関する教育環境整備について，新たに取り組むべき施策の報告書をまとめた。報告書では，外国人の受入れ・共生は，日本に豊かさをもたらすものであり，外国人が日本社会を作り上げていく大切な社会の一員として認識されている。また重点的に進めるアクションとして学校におけるきめ細かな指導体制の充実や日本語教育の充実などとともに，外国人の子どもの就学促進や母語・母文化を尊重しつつ日本語・日本文化への理解の促進を図っていく異文化理解や多文化共生の考え方に基づく教育の充実などが盛り込まれた。しかし，日本社会の利益のみが強調され，外国人の子どもたちを国際社会の一員として育てていくという認識が欠けているといえる。国籍にとらわれないすべての子どもの利益を優先する教育の充実が図られることが求められるだろう。

　加えて，一人ひとりが「変化」へ向けて一歩踏み出し「行動」することが期待される。アメリカがイラク攻撃を図ったとき過去に例をみないほど，平和を求める活動が世界中で展開され，日本でも高校生をはじめとして多くの若者たちが戦争反対の声をあげた。平和的解決にはいたらなかったが，多くの人々はこれらのできごとに心を動かされたにちがいない。児童労働の撲滅のために子どもの労働によって生産されたものを買わない，子どもの無国籍状態を避けるために日本で出生した子どもの日本国籍の付与を政府にはたらきかけるなど，市民運動や国際的NGOの活動に参加して，だれもが「変化」の担い手になれることを実感していくことがたいせつであろう。

　そして大人の責務として，子どもも参加・参画する仕組みをつくっていくことも忘れてはならない。1990（平成2）年の「子どものための世界サミット」以来，子どもの参加の重要性が認識され，2002（平成14）年の「国連子ども特別総会」では400人もの子どもたちが参加し，子ども自身が問題を語り意見を述べた。また社会福祉法（2000年）で定められた市町村の地域福祉計画におい

ては，その策定にあたり住民参加が求められているが，地域の子どもたちの参加を取り入れている自治体もある。対話や交流を通じての子どもの参加は，民主的な市民の育成に大いに貢献するものである。世界の人口の3分の1は子どもたちである。子どもを参加によってエンパワーし，小さき者や弱き者の声を反映するシステムづくりが図られなければならないだろう。

 研究課題

1．あなたが旅行したことのある国，あるいは行ってみたい国の乳幼児死亡率，児童労働，子ども買春，子ども兵，難民などの問題を調べてみよう。
2．あなたの住んでいる都道府県には国際的NGOはありますか。とくに子どもの分野で活動しているNGOはどんな活動をしているのか調べてみよう。
3．あなたの住んでいる市町村に外国人はどのくらい住んでいますか。自治体が彼らにどのようにどんなサービスを提供しているか調べてみよう。

推薦図書

●『世界の半分が飢えるのはなぜ』　ジャン・ジグレール／勝俣誠（監訳）　合同出版
●『外国人の子ども白書』　荒牧重人・榎井緑・他　明石書店
●『保育政策の国際比較』　ルドヴィクァ・ガンバロ・他／山野良一・中西さやか（監訳）　明石書店
●『世界の難民をたすける30の方法』　滝澤三郎　合同出版

Column 6

世界の難民危機と子どもたち

　2015年9月，ある1枚の子どもの写真が世界に衝撃を与えた。それはトルコの海岸に打ち上げられた幼い子どもの遺体の写真であった。子どもは，アラン・クルディ君3歳，クルド人のシリア難民という。トルコからギリシャに向かうボートに乗っていたが，ボートが転覆して溺死し遺体となって海岸に打ち上げられた。世界各地で紛争が起こっている中でも，シリアの内戦は激化・長期化し，戦火から逃れるために大勢のシリア難民が国境を越え，ヨーロッパに避難を求めている。しかし，大量の難民の受入れを拒むヨーロッパ各国によって，彼らが安全に避難できる移動ルートは阻まれ，危険な海の移動を選択せざるをえない。国際移住機関によれば，2015年だけで35万以上の人々が地中海を渡ったという。アラン君の写真は，難民たちが避難する中で命が危険にさらされている現実を浮き彫りにし，世界中の多くの人たちからの同情や共感を集めることになった。こうした悲劇を受け，ドイツは他国に難民を受け入れるように協力を呼びかけ，イギリスは一時的に難民受入れを拡大した。一般市民の難民支援への関心も高まり，難民を援助するボランティアの輪もひろがった。とはいえ，UNHCR の「グローバル・トレンズ・レポート 2018」によれば，今なお難民の数は増え続け2018年には，紛争や迫害により故郷を追われた人の数は7,000万人を超え過去最高を記録し，そのうち半数は18歳未満の子どもである。難民の人道的支援の必要性を問われる一方で，ヨーロッパ諸国への大量の難民の到来は，国内での反発を招き，対立・緊張関係が生み出され，難民たちは，排外主義や外国人嫌悪による差別・偏見や攻撃にもさらされている。

　難民問題はアジアの国，日本でも他人ごとではない。アジアではとくにミャンマーで難民がもっとも多く発生し（約110万人），世界第4位である。日本政府は国際貢献・人道支援の観点より，2010年からミャンマー難民の第三国定住（難民キャンプや他国に逃れた難民を受け入れる制度）を開始し，毎年30名程度受け入れている。しかし世界規模から比べればほんのわずかな数である。実際，1988年のミャンマーの軍事クーデター以降，日本にもミャンマー難民が流入し，難民申請をして暮らしているが，難民認定される人は非常に少ない。日本での不安定な滞在身分によって，子どもたちの無国籍，貧困問題，教育や医療を十分に受けられないなどの福祉的課題も多数起こっている。ここ日本にも生きづらさを抱えている難民の子どもたちがいることを忘れてはならない。

第6章
子ども・子育て支援施策の動向

　2006（平成18）年12月に発表された国立社会保障・人口問題研究所の「日本の将来推計人口」によると，このままの流れが続くと50年後の2055年には，日本の人口は，9,000万人を割り込み，1年間に生まれる子どもの数が現在の半分以下の50万人を割り，高齢化率も40%を超えるという見通しが示された。

　こうした状況に対して，政府は，2010（平成22）年に，新たな子ども・子育て支援の総合的対策である「子ども・子育てビジョン」を策定した。その後，2012（平成24）年3月に「子ども・子育て新システムの基本制度」を少子化社会対策会議で決定，子ども・子育て関連法を通常国会に提出し，同年8月に子育て支援法など3つの法律が成立，公布された。2015（平成27）年4月1日からは，子ども・子育て支援新制度が本格施行され，この制度に合わせて内閣府に，子育て支援新制度の施行を行なうための新たな組織である子ども・子育て本部が設置された。さらに，2017（平成29）年6月には「子育て安心プラン」が公表され，約32万人分の保育の受け皿を整備することになった。

1節. 子どもと家庭，子育ての状況

1──激増する児童虐待と不登校・引きこもり

　2000（平成12）年「児童虐待の防止等に関する法律」が施行されたが，子どもの生命が奪われるなど，重大な児童虐待事件が後を絶たない。2017（平成29）年度の全国の児童相談所に寄せられた児童虐待の相談対応件数は13万3,778件である。これは，児童虐待防止法が制定された前年の1999（平成11）年度の11.5倍であり，この調査を開始した1990（平成2）年度の1,101件の121.5倍という驚くべき数値である。児童虐待の防止が社会全体の重要な課題であることが理解できる。この数値は，相談対応件数であることから，表にでない実態も含めるとかなりの数に上ると考えられる（図6-1）。

　2017（平成29）年度の児童虐待の内容別相談件数をみると，身体的虐待，ネグレクトが減少する一方，心理的虐待が急増し，相談件数の54％と半数以上を占めている（表6-1）。児童への虐待者は，実母が46.9％，実父40.7％と，合わせて87.6％が実の親によって行なわれている。本来，子どもの身近にあり，最も信頼を寄せる親から虐待を受けることから，子どもの将来に重大な影響を

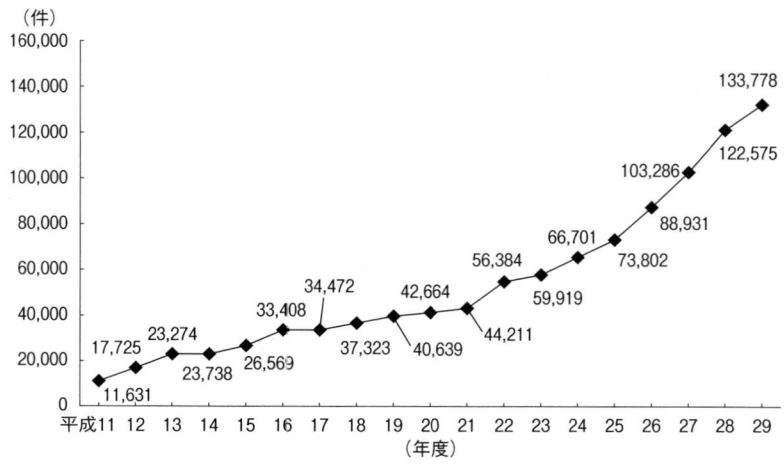

図6-1　児童虐待相談対応件数の推移（厚生労働省子ども家庭局，2018）

表6-1　児童相談所での虐待相談の内容別件数の推移（厚生労働省子ども家庭局，2018）

	身体的虐待	ネグレクト	性的虐待	心理的虐待	総数
平成20年度	16,343（38.3%）	15,905（37.3%）	1,324（3.1%）	9,092（21.3%）	42,664（100.0%）
平成21年度	17,371（39.3%）	15,185（34.3%）	1,350（3.1%）	10,305（23.3%）	44,211（100.0%）
平成22年度	21,559（38.2%）	18,352（32.5%）	1,405（2.5%）	15,068（26.7%）	56,384（100.0%）
平成23年度	21,942（36.6%）	18,847（31.5%）	1,460（2.4%）	17,670（29.5%）	59,919（100.0%）
平成24年度	23,579（35.4%）	19,250（28.9%）	1,449（2.2%）	22,423（33.6%）	66,701（100.0%）
平成25年度	24,245（32.9%）	19,627（26.6%）	1,582（2.1%）	28,348（38.4%）	73,802（100.0%）
平成26年度	26,181（29.4%）	22,455（25.2%）	1,520（1.7%）	38,775（43.6%）	88,931（100.0%）
平成27年度	28,621（27.7%）	24,444（23.7%）	1,521（1.5%）	48,700（47.2%）	103,286（100.0%）
平成28年度	31,925（26.0%）	25,842（21.1%）	1,622（1.3%）	63,186（51.5%）	122,575（100.0%）
平成29年度	33,223（24.8%） （＋1,298）	26,821（20.0%） （＋979）	1,537（1.2%） （−85）	72,197（54.0%） （＋9,011）	133,778（100.0%） （＋11,203）

注1）　割合は四捨五入のため，100%にならない場合がある。
注2）　平成22年度は，東日本大震災の影響により，福島県を除いて集計した数値である。

及ぼしている（表6-2）。さらに，被虐待児の年齢では，小学生が4万4,567件（33.3%）と最も多く，次いで3歳から学齢前児童が3万4,050件（25.5%），0歳から3歳未満が2万7,046件（20.2%）となっている。学齢前児童の合計が，6万1,096件（45.7%）となっており，高い割合を占めている。まだ十分に自分自身のことを言葉で表現することのできない3歳未満児が20%近くも占めており（表6-3），児童虐待が保護者の養育機能の低下や育児・子育ての時期に深く関係していることがうかがえる。

　一方，児童虐待とは別に，子ども自身の育ちにも大きな変化が生じ，子どもの成長にさまざまな問題が起きている。そのひとつに不登校があげられる。文部科学省の「児童生徒の問題行動等生徒指導上の諸問題に関する調査」から不登校児童生徒の推移をみると，1991（平成3）年度，小中学校合わせて6万6,817人であった数が，2017（平成29）年度では14万4,031人と26年間で2.15倍に増加している（表6-4），（図6-2）。

　この背景には，子どもの生活，家庭での過ごし方，学校教育のあり方等を視野に入れる必要があるが，人や社会と良好な関係を維持するコミュニケーション能力の低下や子ども自身の内面の変化にも注目しなければならない。不登校

表6-2 主たる虐待者の推移（児童相談所）（厚生労働省子ども家庭局，2018）

	実父	実父以外の父	実母	実母以外の母	その他	総数
平成11年度	2,908（25.0％）	815（7.0％）	6,750（58.0％）	269（2.3％）	889（7.7％）	11,631（100.0％）
平成12年度	4,205（23.7％）	1,194（6.7％）	10,833（61.1％）	311（1.8％）	1,182（6.7％）	17,725（100.0％）
平成13年度	5,260（22.6％）	1,491（6.4％）	14,692（63.1％）	336（1.5％）	1,495（6.4％）	23,274（100.0％）
平成14年度	5,329（22.5％）	1,597（6.7％）	15,014（63.2％）	369（1.6％）	1,429（6.0％）	23,738（100.0％）
平成15年度	5,527（20.8％）	1,645（6.2％）	16,702（62.8％）	471（1.8％）	2,224（8.4％）	26,569（100.0％）
平成16年度	6,969（20.9％）	2,130（6.4％）	20,864（62.4％）	499（1.5％）	2,946（8.8％）	33,408（100.0％）
平成17年度	7,976（23.1％）	2,093（6.1％）	21,074（61.1％）	591（1.7％）	2,738（7.9％）	34,472（100.0％）
平成18年度	8,220（22.0％）	2,414（6.5％）	23,442（62.8％）	655（1.8％）	2,592（6.9％）	37,323（100.0％）
平成19年度	9,203（22.6％）	2,569（6.3％）	25,359（62.4％）	583（1.4％）	2,925（7.2％）	40,639（100.0％）
平成20年度	10,632（24.9％）	2,823（6.6％）	25,807（60.5％）	539（1.3％）	2,863（6.7％）	42,664（100.0％）
平成21年度	11,427（25.8％）	3,108（7.0％）	25,857（58.5％）	576（1.3％）	3,243（7.3％）	44,211（100.0％）
平成22年度	14,140（25.1％）	3,627（6.4％）	34,060（60.4％）	616（1.1％）	3,941（7.0％）	56,384（100.0％）
平成23年度	16,273（27.2％）	3,619（6.0％）	35,494（59.2％）	587（1.0％）	3,946（6.6％）	59,919（100.0％）
平成24年度	19,311（29.0％）	4,140（6.2％）	38,224（57.3％）	548（0.8％）	4,478（6.7％）	66,701（100.0％）
平成25年度	23,558（31.9％）	4,727（6.4％）	40,095（54.3％）	661（0.9％）	4,761（6.5％）	73,802（100.0％）
平成26年度	30,646（34.5％）	5,573（6.3％）	46,624（52.4％）	674（0.8％）	5,414（6.1％）	88,931（100.0％）
平成27年度	37,486（36.3％）	6,230（6.0％）	52,506（50.8％）	718（0.7％）	6,346（6.1％）	103,286（100.0％）
平成28年度	47,724（38.9％）	7,629（6.2％）	59,401（48.5％）	739（0.6％）	7,082（5.8％）	122,575（100.0％）
平成29年度	54,425（40.7％）	8,175（6.1％）	62,779（46.9％）	754（0.6％）	7,645（5.7％）	133,778（100.0％）

注1） その他には，祖父母，伯父伯母等が含まれる。
注2） 平成22年度は，東日本大震災の影響により，福島県を除いて集計した数値。

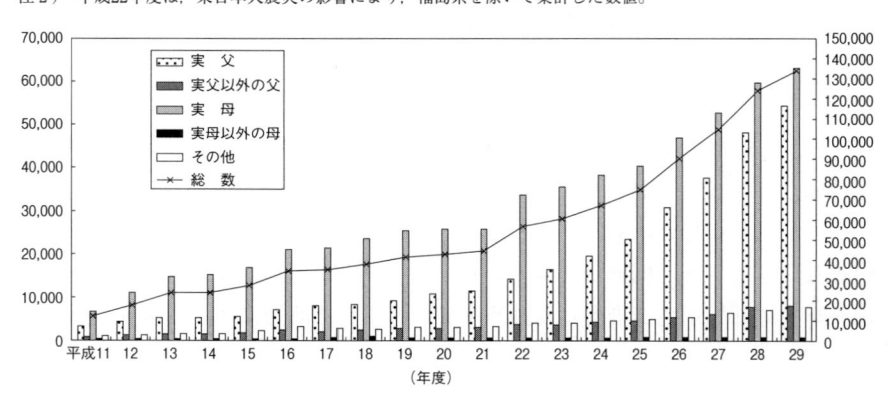

児童への対応は，学校期間だけの問題でなく，解決が困難になると引きこもりの原因の一つにもなっている。社会とのかかわりをもたず，自宅への引きこもりは全国で70万人といわれている（内閣府，2010b）。また，内閣府は2019（平成31）年3月，40～64歳の引きこもりの人が全国で61万3,000人いるとの推計

表6-3　虐待を受けた子どもの年齢構成の推移（児童相談所）（厚生労働省子ども家庭局，2018）

	0歳～3歳未満	3歳～学齢前児童	小学生	中学生	高校生・その他	総数
平成11年度	2,393(20.6%)	3,370(29.0%)	4,021(34.5%)	1,266(10.9%)	581(5.0%)	11,631(100.0%)
平成12年度	3,522(19.9%)	5,147(29.0%)	6,235(35.2%)	1,957(11.0%)	864(4.9%)	17,725(100.0%)
平成13年度	4,748(20.4%)	6,847(29.4%)	8,337(35.8%)	2,431(10.5%)	911(3.9%)	23,274(100.0%)
平成14年度	4,940(20.8%)	6,928(29.2%)	8,380(35.3%)	2,495(10.5%)	995(4.2%)	23,738(100.0%)
平成15年度	5,346(20.1%)	7,238(27.3%)	9,708(36.5%)	3,116(11.7%)	1,161(4.4%)	26,569(100.0%)
平成16年度	6,479(19.4%)	8,776(26.3%)	12,483(37.4%)	4,187(12.5%)	1,483(4.4%)	33,408(100.0%)
平成17年度	6,361(18.5%)	8,781(25.5%)	13,024(37.8%)	4,620(13.4%)	1,686(4.9%)	34,472(100.0%)
平成18年度	6,449(17.3%)	9,334(25.0%)	14,467(38.8%)	5,201(13.9%)	1,872(5.0%)	37,323(100.0%)
平成19年度	7,422(18.3%)	9,727(23.9%)	15,499(38.1%)	5,889(14.5%)	2,102(5.2%)	40,639(100.0%)
平成20年度	7,728(18.1%)	10,211(23.9%)	15,814(37.1%)	6,261(14.7%)	2,650(6.2%)	42,664(100.0%)
平成21年度	8,078(18.3%)	10,477(23.7%)	16,623(37.6%)	6,501(14.7%)	2,532(5.7%)	44,211(100.0%)
平成22年度	11,033(19.6%)	13,650(24.2%)	20,584(36.5%)	7,474(13.3%)	3,643(6.5%)	56,384(100.0%)
平成23年度	11,523(19.2%)	14,377(24.0%)	21,694(36.2%)	8,158(13.6%)	4,167(7.0%)	59,919(100.0%)
平成24年度	12,503(18.7%)	16,505(24.7%)	23,488(35.2%)	9,404(14.1%)	4,801(7.2%)	66,701(100.0%)
平成25年度	13,917(18.9%)	17,476(23.7%)	26,049(35.3%)	10,649(14.4%)	5,711(7.7%)	73,802(100.0%)
平成26年度	17,479(19.7%)	21,186(23.8%)	30,721(34.5%)	12,510(14.1%)	7,035(7.9%)	88,931(100.0%)
平成27年度	20,324(19.7%)	23,735(23.0%)	35,860(34.7%)	14,807(14.3%)	8,560(8.3%)	103,286(100.0%)
平成28年度	23,939(19.5%)	31,332(25.6%)	41,719(34.0%)	17,409(14.2%)	8,176(6.7%)	122,575(100.0%)
平成29年度	27,046(20.2%)	34,050(25.5%)	44,567(33.3%)	18,677(14.0%)	9,438(7.1%)	133,778(100.0%)

注）　平成22年度は，東日本大震災の影響により，福島県を除いて集計した数値。

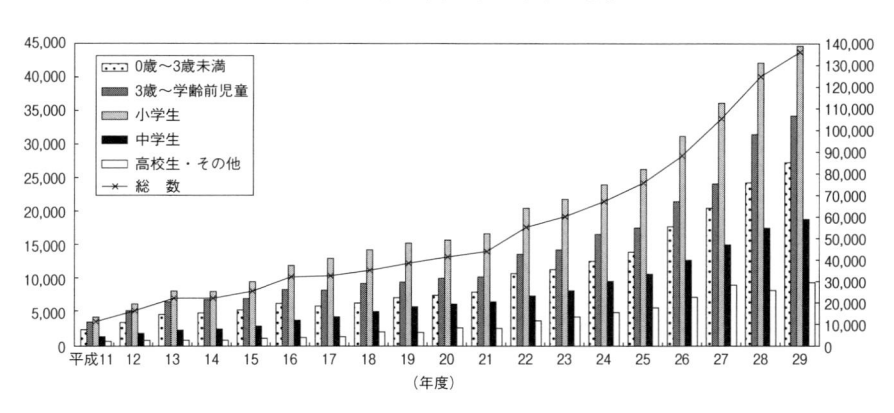

値を公表している。

　このように，子どもをめぐる状況は，危機的であり，子どもが虐待を受ける
だけでなく，子ども自身が学校や社会，人との関係で，円滑な関係を構築する
ことができない，深刻な事態にあるといえる。

表6-4 小・中学校の不登校児童生徒数の推移（文部科学省，2018）

区分	小学校			中学校			計		
	(A)全児童数(人)	(B)不登校児童数(人)カッコ内(B/A×100)(%)	不登校児童数の増▲減率(%)	(A)全生徒数(人)	(B)不登校生徒数(人)カッコ内(B/A×100)(%)	不登校生徒数の増▲減率(%)	(A)全児童生徒数(人)	(B)不登校児童生徒数の合計(人)カッコ内(B/A×100)(%)	不登校児童生徒数の増▲減率(%)
3年度	9,157,429	12,645 (0.14)	–	5,188,314	54,172 (1.04)	–	14,345,743	66,817 (0.47)	–
4年度	8,947,226	13,710 (0.15)	8.4	5,036,840	58,421 (1.16)	7.8	13,984,066	72,131 (0.52)	8.0
5年度	8,768,881	14,769 (0.17)	7.7	4,850,137	60,039 (1.24)	2.8	13,619,018	74,808 (0.55)	3.7
6年度	8,582,871	15,786 (0.18)	6.9	4,681,166	61,663 (1.32)	2.7	13,264,037	77,449 (0.58)	3.5
7年度	8,370,246	16,569 (0.20)	5.0	4,570,390	65,022 (1.42)	5.4	12,940,636	81,591 (0.63)	5.3
8年度	8,105,629	19,498 (0.24)	17.7	4,527,400	74,853 (1.65)	15.1	12,633,029	94,351 (0.75)	15.6
9年度	7,855,387	20,765 (0.26)	6.5	4,481,480	84,701 (1.89)	13.2	12,336,867	105,466 (0.85)	11.8
10年度	7,663,533	26,017 (0.34)	25.3	4,380,604	101,675 (2.32)	20.0	12,044,137	127,692 (1.06)	21.1
11年度	7,500,317	26,047 (0.35)	0.1	4,243,762	104,180 (2.45)	2.5	11,744,079	130,227 (1.11)	2.0
12年度	7,366,079	26,373 (0.36)	1.3	4,103,717	107,913 (2.63)	3.6	11,469,796	134,286 (1.17)	3.1
13年度	7,296,920	26,511 (0.36)	0.5	3,991,911	112,211 (2.81)	4.0	11,288,831	138,722 (1.23)	3.3
14年度	7,239,327	25,869 (0.36)	▲2.4	3,862,849	105,383 (2.73)	▲6.1	11,102,176	131,252 (1.18)	▲5.4
15年度	7,226,910	24,077 (0.33)	▲6.9	3,748,319	102,149 (2.73)	▲3.1	10,975,229	126,226 (1.15)	▲3.8
16年度	7,200,933	23,318 (0.32)	▲3.2	3,663,513	100,040 (2.73)	▲2.1	10,864,446	123,358 (1.14)	▲2.3
17年度	7,197,458	22,709 (0.32)	▲2.6	3,626,415	99,578 (2.75)	▲0.5	10,823,873	122,287 (1.13)	▲0.9
18年度	7,187,417	23,825 (0.33)	4.9	3,609,306	103,069 (2.86)	3.5	10,796,723	126,894 (1.18)	3.8
19年度	7,132,874	23,927 (0.34)	0.4	3,624,113	105,328 (2.91)	2.2	10,756,987	129,255 (1.20)	1.9
20年度	7,121,781	22,652 (0.32)	▲5.3	3,603,220	104,153 (2.89)	▲1.1	10,725,001	126,805 (1.18)	▲1.9
21年度	7,063,606	22,327 (0.32)	▲1.4	3,612,747	100,105 (2.77)	▲3.9	10,676,353	122,432 (1.15)	▲3.4
22年度	6,993,376	22,463 (0.32)	0.6	3,572,652	97,428 (2.73)	▲2.7	10,566,028	119,891 (1.13)	▲2.1
23年度	6,887,292	22,622 (0.33)	0.7	3,589,774	94,836 (2.64)	▲2.7	10,477,066	117,458 (1.12)	▲2.0
24年度	6,764,619	21,243 (0.31)	▲6.1	3,569,010	91,446 (2.56)	▲3.6	10,333,629	112,689 (1.09)	▲4.1
25年度	6,676,920	24,175 (0.36)	13.8	3,552,455	95,442 (2.69)	4.4	10,229,375	119,617 (1.17)	6.1
26年度	6,600,006	25,864 (0.39)	7.0	3,520,730	97,033 (2.76)	1.7	10,120,736	122,897 (1.21)	2.7
27年度	6,543,104	27,583 (0.42)	6.6	3,481,839	98,408 (2.83)	1.4	10,024,943	125,991 (1.26)	2.5
28年度	6,491,834	30,448 (0.47)	10.4	3,426,962	103,235 (3.01)	4.9	9,918,796	133,683 (1.35)	6.1
29年度	6,463,416	35,032 (0.54)	15.1	3,357,435	108,999 (3.25)	5.6	9,820,851	144,031 (1.47)	7.7

注1) 調査対象：国公私立小・中学校（小学校には義務教育学校前期課程，中学校には義務教育学校後期課程及び中等教育学校前期課程を含む）。

注2) 年度間に連続又は断続して30日以上欠席した児童生徒のうち不登校を理由とする者について調査。不登校とは，何らかの心理的，情緒的，身体的，あるいは社会的要因・背景により，児童生徒が登校しないあるいはしたくともできない状況にあること（ただし，病気や経済的理由によるものを除く）をいう。

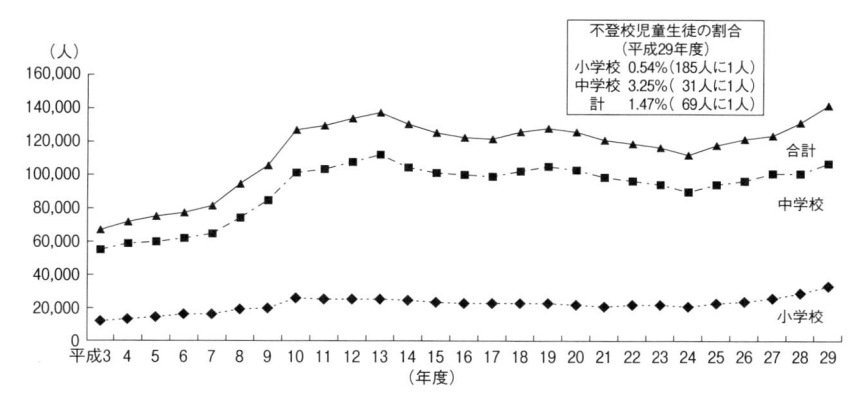

図 6-2　不登校児童生徒数の推移（文部科学省，2018）

2──育児不安の増大と日本の子育て

　少子化や核家族の進行など，多様化する社会状況のなかで，子育ての経験や知恵を継承できないことが家庭や地域社会で問題となっている。こうしたことから，子育てにかかわる負担感が主婦の間で増加している。

　1997（平成 9 ）年度の国民生活白書（内閣府）では，育児に自信がなくなると答えた人が，共働き主婦で46.7％，専業主婦では70.0％とある。また，なんとなくイライラするでは共働きが86.6％，専業主婦で78.7％と高い数値を示している。育児・子育ての負担感が大きいこと，子育て環境の厳しさが報告されている（図 6-3 ）。

　明治に来日して，大森貝塚を発見した，生物学者のエドワード・モース（Morse, E. S.）博士は，「日本」の研究でも有名であった。博士の日記には，日本の子どもたちの生活やあそびを観察した記録が残されている。そのなかで，「日本は子どもの天国である。世界中で日本ほど子どもが親切に扱われ，子どものために多大な注意が払われている国はない」と述べ，子育てについて，「子どもたちが木の下駄をはいて，おまけにほとんど背中に赤ん坊をしょっていながら，機敏に動き回るのには驚く」と記述している。この時代には，子どもが自分の弟や妹をおんぶすることは生活の一部であり，ごく自然なことであった。この子育ての習慣は，昭和20年代までは伝承されおり，日本の生活のな

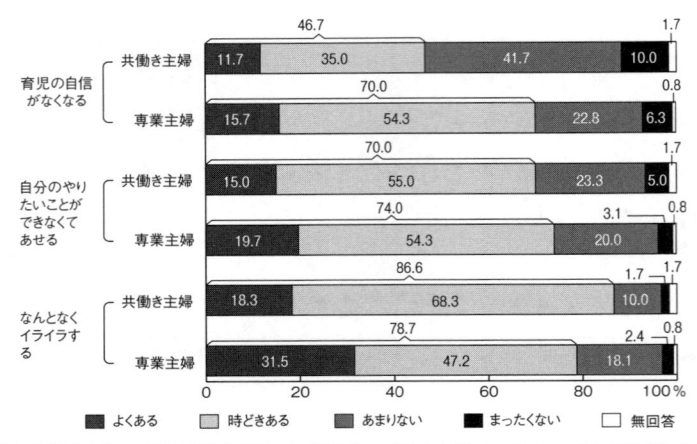

注）回答者は第1子が小学校入学前の女性187人。共働き主婦にはパートタイム労働者を含む。

図6-3　共働き主婦と専業主婦の育児負担（内閣府，1997a）

かになじんでいたが，現在ではほとんど見かけなくなり，日常生活のなかから姿を消してしまった。

 **節. 少子化の現状と子育て支援対策の充実**

1──少子化の現状と新エンゼルプラン

　日本の児童の出生数・合計特殊出生率は，1974（昭和49）年以降低下し，1989（平成元）年には，1.57と戦後最低を記録した。人口を維持するのに必要な2.08の人口置換水準を大幅に下回り，社会に大きなショックを与えた（1990年に「1.57ショック」とよばれた）。少子化の原因は，結婚や仕事に関する意識の変化のなか，晩婚化による未婚率の上昇と非婚化等があげられている。これは女性の高学歴化や社会進出が理由のひとつに考えられている（図6-4）。

　こうした変化に対応して，政府は，1994（平成6）年12月に「今後の子育て支援のための施策の基本的方向について（エンゼルプラン）」「緊急保育対策等5か年事業」の策定（1995〜1999年）を行なった。さらに，1999（平成11）年12月には「少子化対策推進基本方針」を策定し，取り組みを強化してきた。基

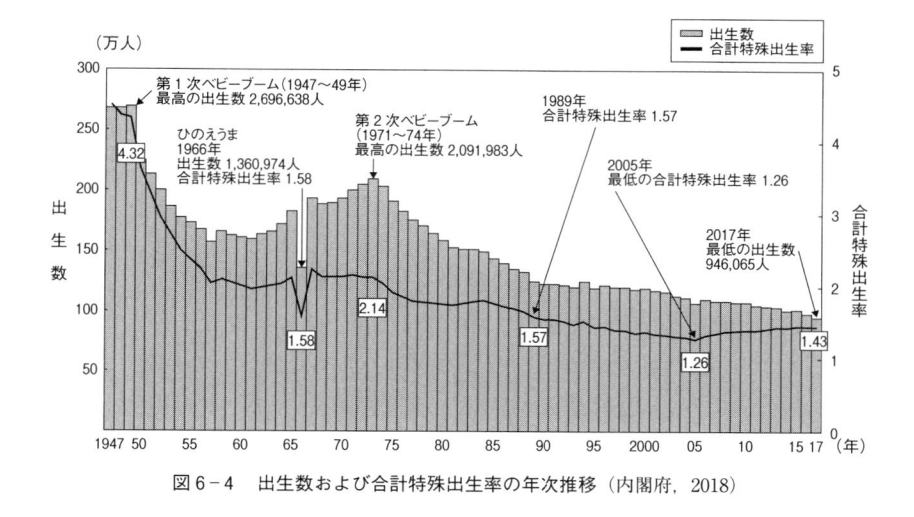

図6-4　出生数および合計特殊出生率の年次推移（内閣府，2018）

本方針は，近年の出生率の低下は，将来のわが国の社会経済に広く深刻な影響を与える懸念があり，政府が中・長期的に進めるべき総合的な少子化対策の指針として定めたものである。とくに，重点的に取り組むことが必要な働き方，保育サービス，相談・支援体制，母子保健，教育，住宅などの分野における施策を計画的に推進する具体的実施計画を策定，これをふまえて，大蔵・文部・厚生・労働・建設・自治の6大臣の合意により，「重点的に推進すべき少子化対策の具体的実施計画について（新エンゼルプラン）」が1999（平成11）年に策定された。

2──少子・高齢化の進行と少子化対策の変遷

（1）日本の将来推定人口と少子化のいっそうの進展

　2002（平成14）年1月，国立社会保障・人口問題研究所は，日本の将来推定人口を発表した。この調査では，合計特殊出生率が1.31と少子化がいっそう進行することが明らかになり，さらに，これまでは，少子化の原因は，晩婚化であり，結婚した夫婦の出生児童数は減少しないとみていたが，調査では，晩婚化に加えて，結婚した夫婦の出生児童数が減少するという新しい傾向が認められた。

　さらに，2005（平成17）年に1.26となり，その後，横ばいもしくは微増傾向で，2017（平成29）年も1.43と依然として低い水準であり，長期的な少子化の傾向が続いている。

　少子・高齢化は，労働力供給の減少による経済成長率の低下，社会保障給付に占める若い世代の負担増や子どもの健やかな成長など，日本の社会・経済に深刻な影響を与えると考えられている。

(2) 次世代育成支援対策推進法に基づく行動計画の推進

　こうした，少子化のいっそうの進展に対応して，これまで「子育てと仕事の両立支援」が中心であった対策に加え，「男性を含めた働き方の見直し」「地域における子育て支援」「社会保障における次世代支援」「子どもの社会性の向上や自立の促進」など4つの柱にそった対策を，総合的にかつ計画的に推進するための少子化対策プラスワンが2002（平成14）年9月に策定された。

　この流れを受け，政府として2003（平成15）年3月に，少子化対策推進関係閣僚会議で「次世代育成支援に関する当面の取組み方針」の取りまとめが行なわれ，この方針のもとに同年7月，次世代育成支援対策推進法が国会で成立した。

　次世代育成支援対策推進法は，わが国における急速な少子化の進行をふまえ，次代の社会を担う子どもが健やかに生まれ，かつ，育成される環境の整備を図るために，次世代育成支援対策について，基本理念を定めるとともに，国による行動計画策定指針ならびに地方公共団体および事業主による行動計画の策定等の次世代育成支援対策を迅速にかつ重点的に推進するために必要な措置を講ずる法律である。

　国が定める指針にそって，自治体，企業が行動計画を策定し，10年間の集中的計画的な取り組みを推進する。さらに，国・地方公共団体・事業主が三位一体の関係で進める構造となっている。

(3)「子ども・子育て応援プラン」と「子どもと家族を応援する日本」 重点戦略検討会議

　次世代育成支援対策推進法と同時に成立したのが，少子化社会対策基本法である。この法律は，少子化社会において講ぜられる施策の基本理念を明らかにして，国と地方公共団体の責務を定め，総合的かつ長期的な少子化に対応する

施策の大綱を定めることとしている。さらに，この法律に基づき，2004（平成16）年6月に少子化の流れを変えるための総合的な施策展開の指針として，少子化社会対策大綱が策定された。同年12月には具体的実施計画として「少子化社会対策大綱に基づく重点施策の具体的実施計画について」（子ども・子育て応援プラン）が決定された。

2006（平成18）年12月に発表された国立社会保障・人口問題研究所の「日本の将来推計人口」によると，このままの傾向が続くと2055年には，日本の人口は，9,000万人を割り込み，1年間に生まれる子どもの数が現在の半分以下の50万人を割り，高齢化率も40％を超えるという見通しが示された。また，結婚，出生行動に対する国民の希望が一定度かなえば，合計特殊出生率も1.75まで回復する見通しも示された。こうしたことから，2007（平成19）年2月，少子化社会対策会議のもとに「子どもと家族を応援する日本」重点戦略検討会議が発足された。報告では，「就労」と「結婚・出産・子育て」の二者択一の構造を変え，若者，女性，高齢者など働く意欲をもつすべての人の労働市場への参加を実現しつつ，国民の希望する結婚・出産・子育てを可能とするとしている。

(4)「子ども・子育てビジョン」と「子ども・子育て新システム」

2009（平成21）年10月，政府は，新たな少子化社会大綱の策定のために，内閣府の大臣，副大臣，大臣政務官で構成する「子ども・子育てビジョン（仮称）検討ワーキングチーム」を立ち上げ，関係者（有識者，事業者，子育て支援に携わる自治体の職員）や国民からの意見聴取を行ない，2010（平成22）年1月，「子ども・子育てビジョン」を閣議で決定した。

この「子ども・子育てビジョン」は，これまでの施策の評価や国民が求める子育て施策，結婚，出産，子育て等の状況をふまえたもので，これからの新しい子ども・子育て支援等の理念や基本的な考えを明示するとともに，重点的に取り組む保育サービス等の整備，国と地方が連携・協力して社会全体で子育てを支える基盤をつくり上げることをめざすことが示された。

政府は，「子ども・子育てビジョン」等の次世代育成支援の構築に向けた取り組みを受け，「明日の安心と成長のための緊急経済対策」に基づき，幼保一体化を含む新たな次世代育成支援のための包括的・一元的なシステムの構築を

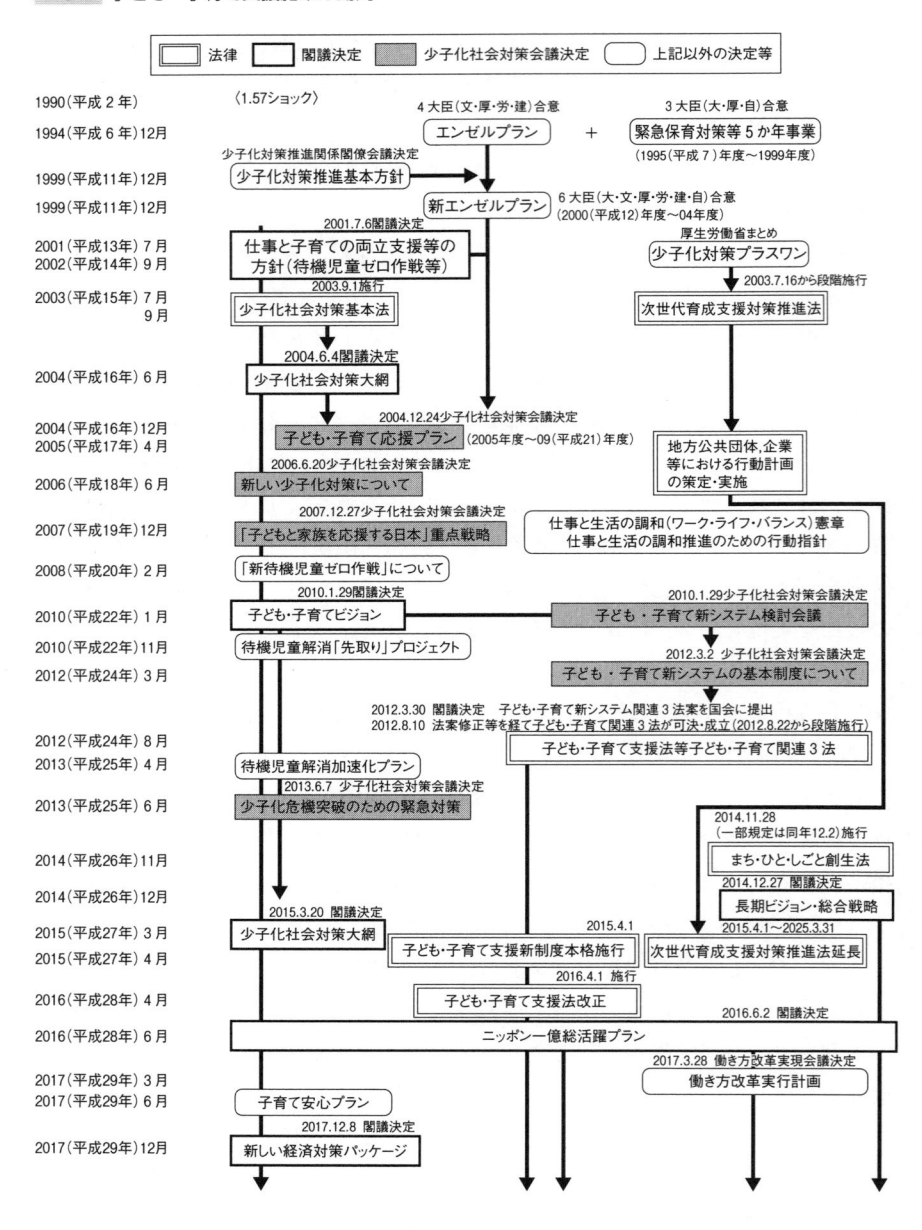

（内閣府ホームページ https://www.8.cao.go.jp/shoushi/shoushika/data/torikumi.html より）

図6-5 少子化対策の経緯

検討するために，2010（平成22）年１月に「子ども・子育て新システム検討会議」を立ち上げた。会議は，有識者，保育所・幼稚園関係者，労使関係者，自治体関係者からのヒアリング等を行ない，同年６月，「子ども・子育て新システムの基本制度案要綱」をまとめた。

「子ども・子育て新システムの基本制度案要綱」では，①すべての子どもへの良質な成育環境を保障し，子どもを大切にする社会，②出産・子育て・就労の希望がかなう社会，③仕事と家庭の両立支援で，充実した生活ができる社会，④新しい雇用の創出と，女性の就業促進で活力ある社会がめざされている。この目的に沿い，①子ども・子育てを社会全体で支援，②利用者（子どもと子育て家庭）本位を基本とし，すべての子ども・子育て家庭に必要な良質のサービスを提供，③地域主権を前提とした住民の多様なニーズに応えるサービスの実現，④政府の推進体制の一元化を方針とした。

その後，2011（平成23）年３月，少子化社会対策会議において「子ども・子育て新システムに関する基本制度について」を決定し，「子ども・子育て新システムに関する基本制度」「子ども・子育て新システム法案骨子」を定めた。

政府は，法案骨子に基づき，「子ども・子育て支援法案」「総合こども園法案」「子ども・子育て支援法及び総合こども園法の施行に伴う関係法律の整備等に関する法律案」の３法を2012（平成24）年３月の通常国会に提出した（図６-５）。

(5) 子ども・子育て関連 3 法と子ども・子育て支援新制度

こうした流れを受けて，2012（平成24）年，８月の国会において，「子ども・子育て支援法」「就学前の子どもに関する教育，保育等の総合的な提供の推進に関する法律の一部を改正する法律」「子ども・子育て支援法及び就学前の子どもに関する教育，保育等の総合的な提供の推進に関する法律の一部を改正する法律の施行に伴う関係法律の整備等に関する法律」の３つの法律が成立，公布された。

子ども・子育て支援新制度は，子ども・子育て関連三法に基づき，2015（平成27）年４月から実施された。幼児期の学校教育・保育，地域の子育て支援を総合的に推進するもので，具体的には①認定こども園，幼稚園，保育所を通じた共有の給付（「施設型給付」）および小規模保育等への給付（「地域型保育給

付」）の創設，②認定こども園制度の改善，③地域の実情に応じた子ども・子育て支援の充実を図ることにしている（表6-5）。

　制度の基本的な構造は，子ども・子育て支援に関連した制度・財源・給付を一元化するとともに，制度の実施主体を市町村（基礎的自治体）として，国・

表6-5　子ども・子育て支援の新制度について（厚生労働省，2018a）

I　**基本的な考え方（ポイント）**
■子ども・子育て関連３法の趣旨　①子ども・子育て支援法，②認定こども園法の一部改正法，③関係整備法（平成24年8月10日に成立）
　○３党合意（※）を踏まえ，幼児期の学校教育・保育，地域の子ども・子育て支援を総合的に推進
　※「社会保障・税一体改革に関する確認書（社会保障部分）」（平成24年6月15日自由民主党・公明党・民主党　社会保障・税一体改革（社会保障部分）に関する実務者間会合）
■基本的な方向性
　○認定こども園，幼稚園，保育所を通じた共通の給付（「施設型給付」）及び小規模保育等への給付（「地域型保育給付」）の創設
　○認定こども園制度の改善（幼保連携型認定こども園の改善等）
　　・幼保連携型認定こども園について，認可・指導監督の一本化，学校及び児童福祉施設としての法的位置づけ
　○地域の子ども・子育て支援の充実（利用者支援，地域子育て支援拠点など）
■幼児期の学校教育・保育，地域の子ども・子育て支援に共通の仕組み
　○基礎自治体（市町村）が実施主体
　　・市町村は地域のニーズに基づき計画を策定，給付・事業を実施
　　・国・都道府県は実施主体の市町村を重層的に支える
　○社会全体による費用負担
　　・消費税率の引き上げによる，国及び地方の恒久財源の確保を前提
　　（幼児教育・保育・子育て支援の質・量の拡充を図るためには，消費税率の引き上げにより確保する0.7兆円程度を含めて１兆円超程度の財源が必要）
　○政府の推進体制
　　・制度ごとにバラバラな政府の推進体制を整備（子ども・子育て本部の設置など内閣府を中心とした一元的体制を整備）
　○子ども・子育て会議の設置
　　・有識者，地方公共団体，事業主代表・労働者代表，子育て当事者，子育て支援当事者等が，子育て支援の政策プロセス等に参画・関与（子ども・子育て会議）
　　・市町村等の合議制機関の設置努力義務
II　**給付・事業**
　○子ども・子育て支援給付
　　・施設型給付＝認定こども園，幼稚園，保育所
　　・地域型保育給付＝小規模保育，家庭的保育，居宅訪問型保育　等
　　・児童手当
　○地域子ども・子育て支援事業
　　・利用者支援，地域子育て支援拠点一時預かり等
　　・延長保育，病児・病後児保育事業
　　・放課後児童クラブ・妊婦健診　等
III　**認可制度の改善**
　○大都市部の保育需要の増大に機動的に対応できる仕組みを導入
　　・社会福祉法人及び学校法人以外の者に対しては，客観的な認可基準への適合に加えて，経済的基礎，社会的信望，社会福祉事業の知識経験に関する要件を満たすことを求める
　　・その上で，欠格事由に該当する場合や供給過剰による需給調整が必要な場合を除き，認可するものとする
　○小規模保育等の地域型保育についても，同様の枠組みとした上で，市町村認可事業とする

都道府県等が制度の実施を重層的に支えるものとして構築されている。費用負担に関しては，消費税率の引き上げによる，国および地方の恒久財源の確保を前提に，社会全体での費用負担が考えられている。また，これまでの制度ごとに厚生労働省，文部科学省により縦割りの仕組みを内閣府に一元化し，内閣府に子ども・子育て本部を発足させた（図6-6）。

　市町村は，地域の潜在的なニーズも含めて，子ども・子育てに係るニーズを把握したうえで，「市町村子ども・子育て支援計画」を策定し，給付，事業を実施している。都道府県は，広域自治体として，新制度の給付，事業が円滑に運営されるよう必要な助言・援助を行ない，市町村を重層的に支えている。

　また，計画の策定にあたっては，有識者，地方公共団体，事業主代表，労働者代表，子育て当事者，子育て支援当事者等が子育て支援の政策過程に参画・関与できる仕組みとして，国に子ども・子育て会議が設置されている。地方自治体においては，合議制機関の設置は努力義務としている。

　給付・事業は，子ども子育て支援給付と地域子ども子育て支援事業から成り

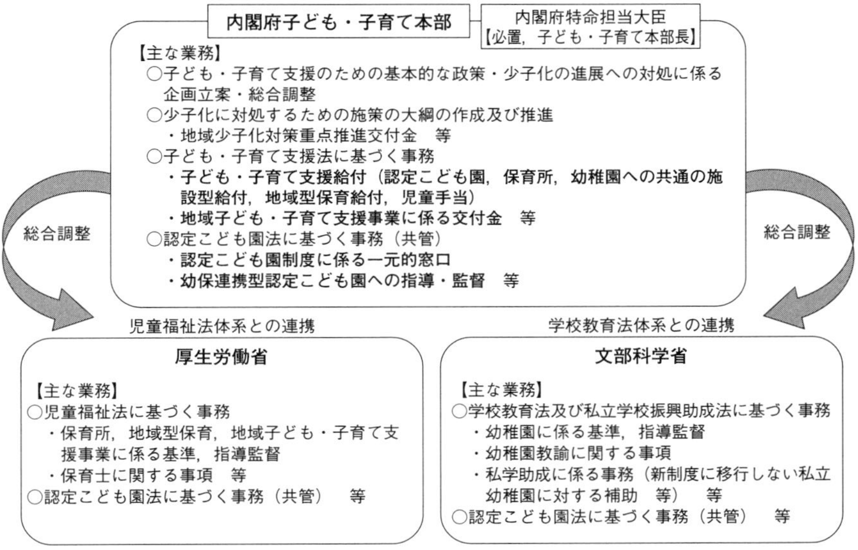

（内閣府ホームページ https://www8.cao.go.jp/shoushi/img/about_taisei.gif より）

図6-6　子ども・子育て本部を中心とした体制について（平成27年4月～）

立っている。子ども・子育て支援給付では，現金給付の児童手当と認定こども園，幼稚園，保育所を通じた給付である「施設型給付」と，小規模保育，家庭的保育，居宅訪問型保育，事業所内保育などの事業者を対象とした「地域型保育給付」に分けることができる。地域子ども・子育て支援事業は，地域のすべての子ども・子育て家庭等を対象とする事業で，利用者支援，地域子育て支援拠点事業，一時預かり，乳児家庭全戸訪問事業等と延長保育事業，病児・病後児保育事業，放課後児童クラブ，妊婦健診など13の事業が対象となっている。とくに，地域子育て支援拠点事業では，地域の子育て資源に精通した「子育て支援コーディネーター」を配置したり，放課後児童健全育成事業では，小学校卒業までに利用が拡大され，設備・運営に関する規準も定められている（図6-7）。

　上記に示した方針を具体化するために給付システムの一体化と施設の一体化

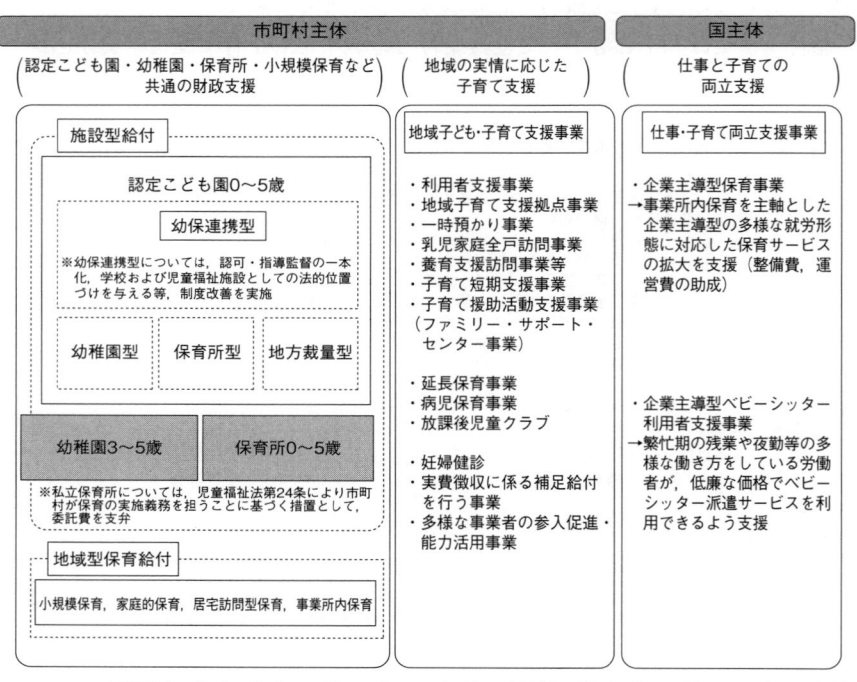

内閣府ホームページ（https://www8.cao.go.jp/shoushi/shinseido/outline/pdf/setsumei1.pdf より）

図6-7　子ども・子育て支援新制度の概要

が図られることになる。市町村が地域における学校教育・保育の需要，子ども・子育てに係る需要の見込み・提供体制の確保について「市町村子ども・子育て支援事業計画」を策定して地域の学校教育・保育を計画的に整備することになる。また，指定制度を導入して質の確保のための客観的基準を満たした施設や事業者について指定を行ない，公的財政措置の対象にすることにより，多様な事業主体の参入を促進し，質の確保された保育の量的拡大を図ることにしている。指定については，現在ある幼稚園・保育所等の基準をもとに，人員・面積などの客観的な基準を定め，適合すれば原則として指定を行なうというものである。

施設の一体化では，「学校教育・保育及び家庭における養育支援を一体的に提供する」新たな施設として，認定こども園法の改正で，「幼保連携型認定こども園」が創設された。幼保連携型認定こども園は，学校教育，児童福祉および社会福祉の法体系において，学校，児童福祉施設および第2種社会福祉事業として位置づけられている。幼保連携型認定こども園には，学校教育と保育を担う職員として保育教諭が置かれている。

こうした制度改革のなかで，これまで行政が関与した手続きにも変更が生じている。まずは，市町村が，客観的な基準に基づき，保育の必要性を認定する仕組みとしている。保育所入所にあたっての契約は，保育の必要性の認定を受けた子どもと受けない子どもについても，市町村の関与のもと，保護者がみずから施設を選択し，保護者が施設と契約する公的契約となり，正当な理由がある場合を除き，施設に応諾義務を課している。ただし，私立保育所については，市町村と利用者が契約し，私立保育所に対して委託費を支払うこととしている。その際，保育料も市町村が徴収することになっている。

子ども・子育て新制度では，幼稚園や保育所を利用する以外の子育て家庭への支援を対象に地域のニーズに応じた①利用者支援事業，②地域子育て支援事業，③一時預かり事業，④ファミリー・サポート・センター事業，⑤子育て短期支援など，子育て支援事業を推進している。さらに，2016（平成28）年には，子ども・子育て支援法の改正を受けて，企業主導型保育事業等が創設されている。

(6) 地域子ども・子育て支援事業の推進—地域子育て支援拠点事業

少子化や核家族の進行，地域社会でのコミュニティーの機能が失われ，身近に相談できる相手もいないなど，子育てが孤立していることで，子育て中の親，

表6-6 地域子育て支援拠点の事業概要（厚生労働省雇用均等・児童家庭局，2018より作成）

	一般型	連携型
開設日等	週3〜4日，週5日，週6〜7日 1日5時間以上	週3〜4日，週5〜7日 1日3時間以上
実施場所	公共施設空きスペース，商店街空き店舗，民家，マンション・アパートの一室，保育所，幼稚園，認定こども園等を活用	児童館等の児童福祉施設等
機能	常設の地域の子育て拠点を設け，地域の子育て支援機能の充実を図る取組を実施	児童館等の児童福祉施設等多様な子育て支援に関する施設に親子が集う場を設け，子育て支援のための取組を実施
従事者	子育て支援に関して意欲があり，子育てに関する知識・経験を有する者（2名以上）	子育て支援に関して意欲があり，子育てに関する知識・経験を有する者（1名以上）に児童福祉施設等の職員が協力して実施
事業	①子育て親子の交流の場の提供と交流の促進，②子育て等に関する相談，援助の実施，③地域の子育て関連情報の提供，④子育ておよび子育て支援に関する講習等の実施 　さらに地域の子育て支援活動の展開を図るための取組（一時預かり等）・地域に出向き，出張ひろばを開設・高齢者等の多様な世代との交流，伝統文化や習慣・行事の実施等	

図6-8　地域子育て支援拠点事業（厚生労働省雇用均等・児童家庭局，2018）

家族の負担が増大している。こうした状況を受けて，地域子ども・子育て支援事業の1つとし，地域において子育て親子の交流等を促進する子育て支援拠点の設置を推進することにより，地域の子育て支援機能の充実を図り，子育ての不安感等を緩和し，子どもの健やかな育ちを支援することを目的に地域子育て支援拠点事業が実施されている。実施の主体は，市町村（特別区を含む）とされている。事業の内容は，乳幼児およびその保護者が相互の交流を行なう場所を開設して，子育てについての相談，情報の提供，助言その他の援助を行なう事業としている（表6−6，図6−8）。

❸節 子ども家庭福祉を支える地域のネットワーク活動

少子化への対応は，別な表現を借りれば子育て支援の充実ということである。とりわけ，子どもたちの育ちや家庭での子育て機能が低下しているとき，地域における子育て支援を推進していくことは重要な課題である。

地域の子育てサークルや子育てNPOの動きが活発である。従来の地域組織ではとらえることのできなかったきめこまかい活動が，子育てに取り組む親たちのニーズをつかみとっている。こうした動きは今後さらに発展していくと考えられる。

同時に地域にはさまざまな組織・団体があり，これまで子ども家庭福祉を地域で支える活動をしてきた。今後は，これらの組織・団体・施設が地域の社会資源として有機的につながることが期待されており，このことによって子育て支援の活動を有効に発展させることが可能であると考えられている。地域で子ども家庭福祉を前進させるおもな施設，組織を紹介する。

（1）児童館

児童館は，児童福祉法第40条に規定された児童厚生施設で，子どもに健全なあそびを与えて，その健康を増進し，情操を豊かにすることを目的とした施設である。子どもにあそびや文化，スポーツを提供し，地域の児童健全育成の拠点として機能してきた。対象が0歳から18歳未満であることから，乳幼児を抱えた親子づれの利用も多く，児童館が，地域の子育て支援活動に重要な役割を果たしている。また，中・高校生の利用も拡大し，地域での居場所の役割も果

たしてきている。だれでも自由に，気軽に利用できることから，子どもを中心に地域のコミュニティーの再生を図る役割を担う施設である。2018（平成30）年には，児童館ガイドラインが改正され，地域の子ども・子育て支援に資する児童福祉施設としての児童館のさらなる機能拡充が図られた。

(2) 母親クラブ（地域活動連絡協議会）

　児童館を拠点に，地域で児童の健全育成を促進しているのが母親クラブである。（全国的には地域活動連絡協議会1,116クラブ，会員43,145人，2018年）母親の地域活動は，昭和の初めとされるが，母親クラブは，戦後まもなく誕生し，70年以上の歴史をもっている。子どもたちのさまざまな活動を援助しながら，母親たち自身の親睦や交流を図り，地域での児童の社会性を助長する活動を推し進めてきた。さらに地域の関係機関や団体，行政とも連携しており，幅広く子どもの問題を把握できる立場にある。現在では，地域における子どもの安全を守る視点から，あそび場の遊具点検と事故防止の活動に取り組み，大きな成果を上げている。また，児童虐待の増加にともない「児童虐待予防事業（心のつぶやき）」も行なわれ，子ども家庭福祉の課題にも対応してきた。今後は，た地域の子育て支援活動でこれまでの子育ての経験を活かして，子育て支援に係るNPO等との協力・連携のさらなる発展が求められている。

(3) 児童委員と主任児童委員

　児童委員は，民間のボランティアとして民生委員をかねて全国に23万739人（2017年3月）が厚生労働大臣により委嘱されている。児童委員は児童および妊産婦について，常にその生活および環境の状況を把握して，保護，保健などの福祉に関して援助指導を行ない，児童福祉司および社会福祉主事の職務に協力することを務めとしている。また，主任児童委員は全国に「2万1,445人が活動しており，児童の福祉に関する機関と児童委員との連絡調整を行なうとともに，児童委員の活動に対する援助・協力を行なっている。ともに地域における子どもたちのあそびや生活を見守り，子ども家庭福祉の前進に欠かせない存在である。今後，児童虐待の予防・早期発見や市町村の要保護児童対策地域協議会への参加，子育て支援活動の推進等での大きな役割が期待されている（図6-9）。

　その他，児童家庭支援センター，地域の保育所や幼稚園，保健センター，児

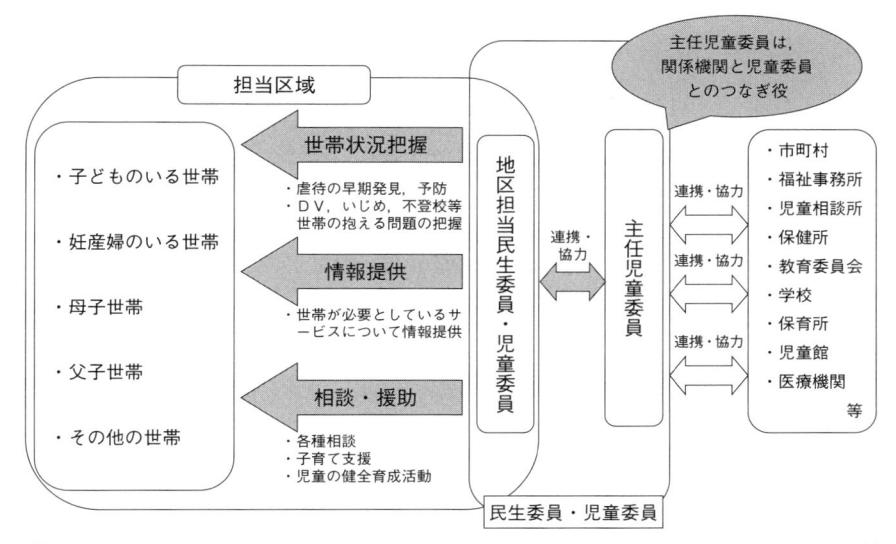

（厚生労働省ホームページ https://www.mhlw.go.jp/stf/seisakunitsuite/bunya/hukushi_kaigo/seikatsuhogo/minseiiin/01.html より）

図6-9　民生委員・児童委員，主任児童委員の活動について

童養護施設や障害児施設など，地域において子ども家庭福祉にかかわる関係機関が，現在さまざまな形を通じてネットワークをつくりつつある。今後は，施設や組織の固有の機能を保持しながら，地域のニーズに対応した拡張的な機能の開発が，それぞれの組織に求められている。

研究課題

1. 日本の人口の推移と少子化の関係を時系列で整理したうえで，日本の将来について討論してみよう。
2. 子ども・子育て新制度について学習し，これからの保育について考えてみよう。
3. 児童虐待防止と子育て支援の関係について整理してみよう。

推薦図書

● 『子どもが育つ条件』 柏木惠子　岩波新書
● 『児童虐待―現場からの提言』 川崎二三彦　岩波新書
● 『子ども・子育て支援制度を読み解く―その全体像と今後の課題』　柏女霊峰　誠心書房

Column 7

「食」と結びついたユニークな子育て支援活動

　地域で子育て支援の取り組みが全国各地で進んでいます。そのなかには，自治体の協力を得て，ユニークな活動を展開しているところがあります。

　東京調布駅前の再開発ビルの2階を利用して2つの施設が，子育て世代を応援しています。2015年4月にNPO法人や社会福祉法人が調布市から場の提供を受け，子育て支援施設「こどもフラット」を開設しました。カフェ，保育の一時・定期預かり，子育てひろばを一体的に運営，子育て世帯や地域の人たちの居場所空間を創造しています。また，ここに子育て応援サイト「コサイト」の編集部もおかれ，子育て関係の情報の収集・発信の活動も展開しています。

　その1つのカフェ「aona」（あおな）。喫茶店かな？と思われそうですが，ランチから夕食セットまで，しっかりした食事がとれる子育て支援のひろば。提供する料理は，総菜，菓子，天然酵母パンとメニューも多彩。靴を脱いで入店すると，天然木のぬくもりが伝わる板張りのフロアに広い畳の座敷。さらにテーブル，机などの家具も地元産の木材を使用。子ども連れの若いお母さんたちが集まり，食事をしながらゆっくりとした一時を過ごしています。安心感が漂う空間です。理事長の竹中さんは，「子育てのなかで新しいコミュニティをつくる場」と強調します。利用者からは「aonaあってよかった」との実感のこもった声が届くとか。「食」を中核にしたユニークな子育て支援施設です。

　隣りには，ニュージーランドの生まれのプレーセンターをモデルにした「プレーセンターちょうふ」があります。子どもたちが自由に遊べる屋内遊び場が用意されており，同時に親同士が学び合い，自分たちで運営するという特徴をもっています。次の3つの柱をもとに活動しているとのことです。①子どもの自由な遊びとそれを見守る，一緒に遊び学び合う親たちの活動。②子育てを楽しくするために親たちの学びの時間を設ける。③利用する親たちによる自主運営。調布市が実施した子育て支援アンケートでは，一時預かりや子どもが安心して遊べる場，雨の日でも過ごせる居場所のニーズがあることからその機能をあわせもち，誕生したものです。子どもたちの楽しげな声が響いていました。

　少子高齢化の進行にともない，地域では子育てしにくい状況が広がっています。放置すれば，知らぬ間に人間同士の関係も崩れ，住みにくい環境が生まれます。身近なところから，自由な発想で，自分たちの理念を掲げて子育て支援の活動を展開することが，魅力ある新しい子育て環境をつくることになるのではないでしょうか。

引用（参考）文献

■1章

福祉士養成講座編集委員会（編）　1997　改訂社会福祉士養成講座　第2版　児童福祉論　中央法規出版

一番ヶ瀬康子　2003　日本の社会福祉の概念　福祉士養成講座編集委員会（編）　新版介護福祉士養成講座　第2版　社会福祉概論　中央法規出版　p.6.

国立社会保障・人口問題研究所　2017　第15回出生動向基本調査

近藤二郎　1993　コルチャック先生　朝日新聞社

厚生労働省　2017a　平成28年度全国ひとり親世帯等調査結果報告（2016年11月現在）

厚生労働省　2017b　平成28年国民生活基礎調査の概況

厚生労働省　2017c　平成29年人口動態統計（確定数）の概況

■2章

国民教育研究所（編）　1979　別冊国民教育③　子どもの権利―児童の権利宣言20周年・国際児童年―　労働旬報社

永井憲一・寺脇隆夫・喜多明人・荒牧重人（編）　2000　新解説子どもの権利条約　日本評論社

● Column 2

片居木英人　2015　現代の社会福祉における人権と法　法律情報出版

片居木英人・植木信一（編）　2008　家庭支援と人権の福祉　大学図書出版

■3章

厚生労働省　2003　児童虐待の防止等に関する専門委員会報告書　http://www.mhlw.go.jp/shingi/2003/06/s0618-2.html（2019年11月19日閲覧）

厚生労働省子ども家庭局家庭福祉課　2018　里親制度資料集

厚生統計協会　2018　国民の福祉と介護の動向2018／2019年度版

全国社会福祉協議会（編）　2008　新保育所保育指針を読む―解説・資料・実践―　全国社会福祉協議会

■4章

Gardner, R. A.　1978　*The boys and girls book about one-parent families*, New York : G.P.PUTNAM'S SONS　鑪幹八郎・青野篤子・児玉厚子（訳）　1999　シングル・ペアレント・ファミリー――親はそこで何をどのように語ればよいのか―　北大路書房　Pp.31-61.

保育園を考える親の会（編）　2000　はじめての小学校＆学童保育　学陽書房

保育福祉小六法編集委員会（編）　2019　保育福祉小六法　2019年版　みらい

柏女霊峰　2007　現代児童福祉論　誠信書房　p.36.

厚生労働省　2002　社会・援護局障害保健福祉部企画課　国際生活機能分類―国際障害分類改訂版―

厚生労働省　2008　平成20年版厚生労働白書　ぎょうせい

厚生労働省　2017　平成28年度全国ひとり親世帯等調査結果報告

厚生労働省　2018a　平成30年（2018年）放課後児童健全育成事業（放課後児童クラブ）の実施状況（平成30年（2018年）5月1日現在）

厚生労働省　2018b　児童相談所運営指針　p.191

厚生労働省　2018c　仕事と育児の両立支援に係る総合的研究会報告書　https://www.mhlw.go.jp/stf/houdou/0000200897.html（2019年11月19日閲覧）

厚生労働省　2019a　平成30年版厚生労働白書

厚生労働省　2019b　平成30年（2018）人口動態統計月報年計（概数）の概況　https://www.mhlw.go.jp/toukei/saikin/hw/jinkou/geppo/nengai18/index.html（2019年11月19日閲覧）

厚生労働省　2019c　保育所関連状況取りまとめ

厚生労働省雇用均等・児童家庭局（編）　2003　平成14年版女性労働白書　21世紀職業財団

厚生児童家庭局家庭福祉課（監修）　1998　児童自立支援ハンドブック　日本児童福祉協会　Pp.18-19.

厚生統計協会　2003　国民衛生の動向2003年

厚生統計協会　2003　国民の福祉の動向2003年版

厚生統計協会　2008a　国民衛生の動向2008年

厚生統計協会　2008b　国民の福祉の動向2008年版

文部科学省　2008a　児童生徒の問題行動等生徒指導上の諸問題に関する調査について

文部科学省　2008b　スクールソーシャルワーカー活用事業（予算説明文書）

文部科学省　2008c　スクールソーシャルワーカーについて　文部科学省初等中等教育局メールマガジン第77号

文部科学省　2018　児童生徒の問題行動等生徒指導上の諸問題に関する調査について　http://www.mext.go.jp/
b_menu/houdou/30/10/__icsFiles/afieldfile/2018/10/25/1410392_1.pdf（2019年11月19日閲覧）

村上龍　1994　ピアッシング　1994　幻冬舎　p.55.

内閣府　2008a　平成20年版障害者白書

内閣府　2008b　平成20年版少子化社会白書　佐伯印刷

内閣府　2010　平成22年版子ども・子育て白書　佐伯印刷

内閣府男女共同参画局　2007　女性のライフプランニングに関する調査報告書

内閣府男女共同参画局　2018　男女共同参画白書　平成30年版

日本子ども家庭総合研究所（編）　2005　子ども虐待対応の手引き　平成17年3月25日改訂版　有斐閣

日本労働研究機構　2003　育児や介護と仕事の両立に関する調査報告書

社会福祉の動向編集委員会（編）　2008　社会福祉の動向2008年　中央法規出版

社会保障審議会児童部会社会的養護専門委員会　2007　社会的養護体制の充実を図るための方策について

高橋重宏・庄司順一（編）　2002　福祉キーワードシリーズ　子ども虐待　中央法規出版　p.6.

幼児教育研究会・森上史朗（編）　2008　最新保育資料集2008　ミネルヴァ書房

全国障害者問題研究会（編）　2000　障害者問題研究第　13号

全国社会福祉協議会・全国保育協議会　2002　子どもの笑顔を守るために―地域における児童虐待に向けての保
育所の取り組み事例集―　Pp.11-12.

● Column 4

内閣府　2008　平成20年版少子化社会白書　佐伯印刷

Statistics Sweden　2008　Women and Men in Sweden: Facts and Figures 2008.

● Column 5

広田照幸　1999　日本人のしつけは衰退したか　講談社

■5章

網野武博　2001　外国人保育の課題と展望　月刊福祉，2001年4月号，88-91.

荒牧重人（編）　2001　アジアの子どもと日本　明石書店

FAO　2018　世界食糧安全・栄養白書

外国人集住都市会議　2006　「多文化共生社会をめざして―未来を担う子どもたちのために」報告書

法務省　2018　外国人材の受入れ・共生のための総合的対応策

法務省入国管理局　2019　平成30年末現在における在留外国人数について　http://www.moj.go.jp/nyuukokukan
ri/kouhou/nyuukokukanri04_00081.html（2019年11月19日閲覧）

ILO　2017　児童労働の世界推計―推計結果と趨勢2012～2016年―　ILO 駐日事務所

国際連合広報局（著）　八森充（訳）　2002　国際連合の基礎知識　世界の動き社

駒井洋　1999　日本の外国人移民　明石書店

宮島喬　2003　共に生きられる日本へ―外国人施策とその課題―　有斐閣

文部科学省　2017　日本語指導が必要な外国人児童生徒の受入れ状況等に関する調査（平成28年度）

文部科学省　2019　外国人の子供の就学状況等調査結果（速報）（令和元年9月27日）www.mext.go.jp/b_menu/
houdou/31/09/__icsFiles/afieldfile/2019/09/27/1421568_001.pdf（2019年11月19日閲覧）

文部科学省　2019　外国人の受入れ・共生のための教育推進検討チーム報告―日本人と外国人が共に生きる社会
に向けたアクション―

森田昭彦　2003　子どもの人身売買とユニセフの取り組み　社会福祉研究，86，106-112.

OECD（編著）　豊田英子（訳）　2005　世界の児童労働―実態と根絶のための取り組み―　明石書店

セーブ・ザ・チルドレン　2018　子どもに対する戦争―武力紛争下の子どもたちへの暴力を終わらせる―　報告書

手塚和彰　1999　外国人と法　第2版　有斐閣

豊住マルシア　1998　マイノリティの子どもたちの医療と福祉　中川明（編）　マイノリティの子どもたち　明石

168

　書店
馬橋憲男・斎藤千宏（編著）　1998　ハンドブックNGO　明石書店
依光正哲（編著）　2005　日本の移民政策を考える―人口減少社会の課題―　明石書店
ユニセフ　2002　統計で見る子どもの10年（1990-2000）　財団法人日本ユニセフ協会
ユニセフ　2003　子どもたちのための前進　財団法人日本ユニセフ協会
ユニセフ　2018　2017年ユニセフ年次報告　公益財団法人日本ユニセフ協会
ユニセフ・世界銀行グループ　2016　極度の貧困を撲滅する―子ども中心に―　報告書

■6章

母親クラブ　2019　みらい子育てネットだより　平成30年度事業報告
児童健全育成推進財団　2003　児童厚生員ハンドブック
国立社会保障・人口問題研究所　2006　日本の将来推計人口（平成18年12月集計）
小西四郎・他（構成）　大橋悦子（訳）　1988　モースの見た日本―セイラム・ピーボディー博物館モース・コレクション／日本民具編―　小学館
厚生労働省　2003　人口動態統計　月報年計の概況
厚生労働省　2007　平成19年度版厚生労働白書
厚生労働省　2018a　平成30年版厚生労働白書
厚生労働省　2018b　児童館ガイドラインの改正について
厚生労働省　2019　民生委員・児童委員について
厚生労働省大臣官房統計情報部　2012　平成23年度福祉行政報告例の概況
厚生労働省子ども家庭局　2018　市町村・都道府県における子ども家庭相談支援体制の整備に関する取組状況について　市町村・都道府県における子ども家庭相談支援体制の強化等に向けたワーキンググループ（第5回）資料2
厚生労働省雇用均等・児童家庭局　2018　地域子育て支援拠点事業の実施について
厚生統計協会　2007　国民の福祉の動向2007年版
文部科学省　2018　児童生徒の問題行動等生徒指導上の諸問題に関する調査
内閣府　1997a　平成9年度国民生活白書
内閣府　1997b　国民の意識とニーズ―平成8年度国民生活選好度調査―　大蔵省印刷局
内閣府　2010a　平成22年版子ども・子育て白書　佐伯印刷
内閣府　2010b　平成22年若者の意識に関する調査
内閣府　2012　平成24年度版子ども・子育て白書
内閣府　2018　平成30年度生活状況に関する調査
内閣府　2019a　少子化社会白書
内閣府　2019b　少子化対策について　これまでの国の取組
全国社会福祉協議会・全国民生委員児童委員連合会　2003　改訂版　児童委員活動マニュアル

索　引

執筆者一覧

■**編集委員**──民秋　言（白梅学園大学名誉教授）

　　　　　　小田　豊（聖徳大学）

　　　　　　栃尾　勲

　　　　　　無藤　隆（白梅学園大学）

　　　　　　矢藤誠慈郎（和洋女子大学）

■**編　　者**──植木　信一

【**執筆者**（執筆順）】

植木　信一（編者）　　　　　　　　　　　　　　第1章，Column 1

片居木英人（十文字学園女子大学）　　　第2章，第3章1節，Column 2

小池　由佳（新潟県立大学）　　　　　　　第3章2〜4節，Column 3

志濃原亜美（秋草学園短期大学）　　　　　第4章1〜3節，Column 4

澁谷　昌史（関東学院大学）　　　　　　　第4章4〜7節，Column 5

森　　恭子（日本女子大学）　　　　　　　　　　第5章，Column 6

鈴木　雄司（元厚生労働省・福祉サービス第三者
　　　　　　評価機関　株式会社 IMS ジャパン）　　第6章，Column 7

編者紹介

植木信一（うえき　しんいち）
　　1967年　新潟県に生まれる
　　1996年　県立新潟女子短期大学生活科学科生活福祉専攻講師
　　2014年　博士（社会福祉学）
　現　在　新潟県立大学人間生活学部子ども学科教授
〈主著・論文〉母親クラブへの国庫補助制度導入の影響　社会福祉学評論，第10号　2011年
　　　　　　被災した子どもと家庭を継続的に支援するための当事者参加型システム開
　　　　　　発調査研究事業報告書，55-74.（平成27年度厚生労働省子ども・子育て支援
　　　　　　推進調査研究事業）　2016年
　　　　　　保育者が学ぶ子ども家庭支援論（編著）　建帛社　2019年

新 保育ライブラリ　保育・福祉を知る

子ども家庭福祉

2019年12月20日　初版第1刷発行	定価はカバーに表示
2024年9月20日　初版第2刷発行	してあります。

編　著　者　　植　木　信　一

発　行　所　　㈱北大路書房

〒603-8303　京都市北区紫野十二坊町12-8

電　話　（075）４３１-０３６１㈹

ＦＡＸ　（075）４３１-９３９３

振　替　０１０５０-４-２０８３

©2019　　　　　　　　　　印刷・製本／亜細亜印刷㈱

検印省略　落丁・乱丁本はお取り替えいたします。

ISBN978-4-7628-3092-1　　　　Printed in Japan